Parole de trentenaire

Parole de trentenaire

Mélanie Balet

Loi n°49-956 du 16 juillet 1949 sur les publications destinées à la jeunesse.

Tous droits réservés. Toute reproduction, diffusion ou utilisation partielle ou totale de cette œuvre sans l'autorisation de l'auteur est strictement interdite, conformément à la législation en vigueur sur le droit d'auteur.

© 2025, Mélanie Balet

Photo de couverture : Tom Cohendet
Conception de la couverture : Cindy Roccia

Édition : BoD · Books on Demand, 31 avenue Saint-Rémy, 57600 Forbach, bod@bod.fr
Impression : Libri Plureos GmbH, Friedensallee 273, 22763 Hamburg (Allemagne)

Impression à la demande
ISBN : 978-2-3225-7204-5
Dépôt légal : Mai 2025

À tous ceux qui, même après avoir lu cette phrase, hésitent encore sur leur propre hésitation

TABLE DES MATIÈRES

INTRODUCTION — 11

    Une anarchie de pensées — 11

    Pourquoi ce titre ? — 14

    Votre attention, s'il vous plait — 15

    Avertissement : ce programme est susceptible de heurter... — 16

    Structurer le chaos — 18

CHAPITRE 1 : GÉNÉRATION ANNÉES 90 — 23

    La chaîne hi-fi, MSN et le Nokia 3310 — 23

    Du walkman à Spotify — 28

    Nos téléphones, mal du siècle 2.0 ? — 29

    Qu'il est beau, notre nombril ! — 33

CHAPITRE 2 : TRAVAUX SUR SOI : DÉVIATION EN COURS — 39

    Une parenthèse linguistique — 39

    L'action, c'est la vie — 41

    Can't, or won't ? — 48

    Coach ou béquille ? — 56

    L'attention, ce muscle sous-entraîné — 62

    Aux frontières du réel — 74

    Détachement ou indifférence ? — 78

    Convictions : la preuve n'existe pas — 83

    Pause. Rewind. Replay. — 86

CHAPITRE 3 : PRO, MAIS PAS CORPORATE — 91

À la mine ! — 91
Hypocrisie corporate : décryptage — 93
Sécurité ou liberté ? — 96
Man vs. wild, objectif vs. processus — 98
Communication : vous montrez, nous voyons — 104
Guide pratique pour bosser mieux, pas plus — 109

CHAPITRE 4 : SANTÉ — 113

Connais-toi toi-même... et tu sauras qui tu es — 113
Santé mentale — 116
Activité physique — 121
Nutrition — 131
Jouer avec ses hormones — 144
Froid et sensations fortes — 145

CHAPITRE 5 : DU CONCRET ET DU PRATIQUE — 151

Comme ça, et pas autrement — 151
Retour aux sources, donc — 154
À situation urgente, réaction immédiate : — 162

CONCLUSION — 165

INTRODUCTION

Une anarchie de pensées

Vous connaissez cette sensation où une pensée en amène une autre, qui en amène une autre, qui fait que deux minutes plus tard, vous vous demandez pourquoi les pigeons marchent d'un air aussi pressé, alors qu'à la base, vous cherchiez simplement vos clés ?

Bienvenue dans mon univers.

Certains évoquent une pensée en arborescence, d'autres une incapacité franche à se structurer. Vous vous reconnaissez dans cette description ? Rassurez-vous : vous n'êtes pas seul.

> *J'en profite pour poser une base : ici, le masculin s'entend aussi bien au féminin. Quand je m'adresse à vous, c'est au masculin singulier et au vousoiement. Homme, femme, ou en pleine réflexion sur la question, on va se simplifier la vie dès le départ.*

Je disais donc : avec des milliers de pensées qui nous traversent l'esprit chaque jour, pas étonnant d'avoir parfois une impression de trop-plein mental. Surtout quand certaines tournent en boucle, suscitant fascination, questionnement ou agacement.

Si ce livre a vu le jour, c'est parce que mille et unes réflexions se bousculent sans cesse dans ma tête et que j'ai décidé de les coucher sur le papier dans l'espoir de mettre un peu d'ordre dans ce chaos apparent.

À l'origine, je suis partie d'une page blanche. D'un simple document Word dans lequel j'annotais des idées qui me trottaient dans la tête, de vagues concepts que j'avais envie de creuser dans le cadre de mes deux sociétés fraichement créées.

Il n'y avait ni ligne directrice, ni lien évident entre mes différentes réflexions, si ce n'est qu'elles produisaient une sorte d'effet boule de neige m'amenant fréquemment dans des explorations bien plus profondes qu'initialement prévu.

Faire cohabiter toutes ces pensées dans ma tête, c'est comme essayer de caser une commode dans une Twingo : techniquement, ça ne rentre pas. Mais avec une bonne dose de mauvaise foi et quelques sangles, ça finit par passer. Même si bien souvent, on se résigne à démonter cette fichue commode en se disant qu'on emportera les tiroirs un par un, quitte à faire plusieurs aller-retours. Et quand cette perspective achève de nous décourager, on se décide enfin à troquer la Twingo contre un bon gros SUV*.

Cet ouvrage, c'est mon SUV. Un SUV bien chargé au volant duquel je trimballe ma commode et ses tiroirs remplis d'idées, de pensées, et d'expériences en tous genres.

L'avantage de mon SUV, c'est qu'il y a un siège passager. Un siège que je vous invite à occuper dès à présent.

---

* SUV : grosse voiture surélevée, souvent confondue avec une *Jeep*, qui en impose sur la route et dans les parkings étroits.

Introduction

Pourquoi embarquer à mes côtés ? Excellente question.

Si vous êtes en train de lire cette introduction, c'est que vous envisagez déjà de jouer les auto-stoppeurs et que nous discutons des modalités du trajet : en cours de route, nous nous arrêterons faire le plein, nous dégourdir les jambes et vérifier que nous roulons toujours dans la bonne direction.

Vous prendrez le temps de réfléchir à vos propres tiroirs et à ce que représente cette commode que vous souhaitez transporter. Les pierres que vous voulez apporter à votre édifice, pour être plus poétique.

Que vos pierres soient des défis personnels, des projets professionnels, des méthodes ou des outils de relaxation mentale, l'important, c'est que vous en sélectionniez les plus pertinentes et que vous compreniez comment et pourquoi les utiliser pour construire votre édifice.

Curieux de fouiller dans mes tiroirs ? Allez-y, mais attention, certains sont clairement en bazar. Vous voulez les compléter avec votre touche personnelle ? Post-it et stylo sont à disposition dans la boîte à gants, à côté du sac à vomi. (La boite à gants, c'est la métaphore pour préciser que vos commentaires sont les bienvenus sur mes canaux de communication.)

Pourquoi donc embarquer à mes côtés ? Aucune idée. Si vous voulez simplement partir faire un tour, montez. À la fin de ce livre, vous aurez de toute façon atteint une destination. La vôtre.

Nous partons ensemble d'un point précis, le point A, mais vous arriverez ailleurs, à une destination qui vous est propre. Au point B, C, Z, ou à un détour inattendu ? Seul vous saurez où vous serez arrivé et pourrez décider de marquer un temps d'arrêt, ou de monter dans le prochain SUV.

Pourquoi ce titre ?

Commençons par le commencement : pourquoi nommer mon livre en référence à une génération en particulier ?

À l'heure où je rédige ces mots, nous sommes en 2025. Avoir la trentaine en 2025, ça implique des choses spécifiques. Comme en avoir dix, vingt, quarante, ou davantage.

Je laisse à d'autres le soin de rédiger un potentiel *Parole de quadra* ou *Parole de quinqua*, qui sait ? Ou alors je m'en réserve le droit dans quelques années, depuis le pont d'un yacht en Méditerranée, cocktail à la main. Sauf si je suis toujours dans mon SUV, coincée dans un bouchon à compter les ventes de *Parole de trentenaire*.

Parole de trentenaire, c'est un titre générique qui me permet d'appréhender la multitude de sujets qui occupent mon esprit depuis longtemps, mais plus intensément depuis le passage du fameux cap. Et l'esprit d'autres trentenaires, si je m'en remets aux échanges que j'ai souvent avec mes semblables aux cheveux gris (déjà, oui).

Naturellement, les informations contenues dans cet ouvrage ne sont pas réservées à une génération. Bien au contraire. Ce livre comprend à la fois des suggestions diverses et variées, des anecdotes, des réflexions plus sérieuses et profondes sur des questions existentielles, et des conseils terre-à-terre sur la vie professionnelle.

Peu encline à me mettre en avant, cet ouvrage n'est en rien une autobiographie. *Parole de trentenaire* ne s'apparente ni à un récit de vie humoristique à la *Sex and the City*, ni à ce genre de biographie tendance rédigée par la dernière influenceuse en date. Si je fais référence à des épisodes de ma vie, c'est dans le but de partager des expériences qui, je l'espère, résonneront en vous. Ni plus ni moins.

Votre attention, s'il vous plait

Combien d'entre vous lisent encore des livres ? Vraisemblablement, la totalité, si vous lisez ces lignes. *Note à moi-même : réfléchir avant d'enfoncer une porte ouverte.*

En cherchant une statistique brute et percutante pour dénoncer le supposé désintérêt croissant de la population envers la lecture, je suis tombée sur une donnée qui m'a agréablement surprise en ce qui concerne la Suisse, mon pays d'origine. D'après une enquête de l'Office fédéral de la statistique, la lecture de livres (e-books inclus) reste une pratique culturelle bien ancrée[*].

Si cette statistique me réjouit autant, ce n'est pas seulement parce qu'elle me laisse espérer vendre plusieurs exemplaires de ce livre. C'est surtout parce qu'elle souligne une notion essentielle, abordée plus en détail au chapitre 2 : l'attention.

---

[*] Office fédéral de la statistique, *Pratiques culturelles en Suisse — Lire des livres*, disponible sur : www.bfs.admin.ch (consulté le 13/03/2025).

Cette capacité à se focaliser pleinement sur une seule chose à la fois est l'un des leviers fondamentaux d'une vie plus sereine, plus riche, plus alignée.

Ce livre a donc un but simple : que vous preniez un moment pour vous. Que vous fermiez votre ordinateur, résistiez à l'appel des Reels Instagram et des ratons laveurs voleurs de nourriture, et que vous laissiez votre cerveau respirer.

Alors si votre téléphone est à portée de main, posez-le dans une autre pièce, rangez-le dans votre sac ou votre poche si vous êtes dans les transports publics. Éteignez la télévision, installez-vous confortablement, et plongez dans votre lecture.

Avertissement : ce programme est susceptible de heurter...

Ce livre se veut avant tout authentique, dénué de jugement et affranchi des habituelles considérations sur les qu'en-dira-t-on. Il est le fruit de mes pensées et les réflexions que j'y partage n'engagent que moi.

Il est rédigé sans filtre, sur un ton qui plaira à certains et déplaira à d'autres. Au risque d'en froisser quelques-uns, mon approche est à la fois directe et pragmatique.

Vous m'entendrez parler de motivation, de volonté et de discipline, parfois sans prendre de gants. Vous verrez aussi que, dans bien des situations, j'invoque la raison comme alliée précieuse pour sortir d'une mauvaise passe.

Je n'ai jamais aimé tourner autour du pot et vous présenterai donc mes idées avec le franc-parler et

Introduction

l'honnêteté qui me caractérisent. Mais avec beaucoup d'humour et d'autodérision aussi, parce que, comme le disait un ancien conseiller fédéral suisse : « Rire, c'est bon pour la santé[*] ».

Vous voilà prévenu : certaines idées sont susceptibles de déranger. Mais avant que vous me traitiez d'insensible ou en veniez à penser que je n'ai jamais connu de réelles difficultés, laissez-moi vous donner un peu de contexte sur la façon dont j'ai construit ma vision des choses.

Sans rentrer dans les détails, j'ai, comme beaucoup d'entre vous certainement, connu l'humiliation, la manipulation, le chantage et le mépris sur le plan à la fois personnel et professionnel.

J'ai touché le fond, traversé des périodes sombres, attendu qu'un médecin sorte les grands mots et un bout de papier blanc pour devoir me défaire d'une situation où les agissements dépassaient les limites du tolérable.

Les étiquettes et les diagnostics, très peu pour moi. Mais soit, je concède volontiers que oui, je suis très sensible, et oui, j'ai un fonctionnement singulier qui m'a poussée dans des extrêmes où ma santé physique et mentale ont été mises à rude épreuve.

Si je partage ces quelques lignes, ce n'est pas pour me poser en victime, mais pour vous dire que je parle en connaissance de cause. J'ai expérimenté tous les mécanismes que j'aborde dans ce livre.

Il m'a fallu des années, des expériences aussi bonnes que désastreuses, et plusieurs déclics pour

---

[*] Johann Schneider-Ammann, discours du 10 mars 2016 prononcé à l'occasion de la Journée des malades en Suisse.

comprendre deux-trois vérités bien planquées. J'ai intégré des fondamentaux que je ne considère pas acquis pour autant. Des bases à travailler chaque jour. Et je sais que j'ai encore beaucoup à apprendre, que ce soit grâce aux autres ou par moi-même.

Alors si parfois je vous brusque, ne voyez pas ça comme une intention de nuire. Ni comme le fait que je prétende détenir une vérité absolue.

Prendre ses responsabilités, arrêter de se trouver des excuses et se rappeler que tout est une question d'entraînement, de répétition et d'engagement, c'est la voie que j'ai choisie et que je partage avec vous.

Parce que jusqu'ici, elle a prouvé son efficacité.

Structurer le chaos

Ce livre est structuré en chapitres et en sous-sections, histoire de donner un semblant d'ordre au chaos qui règne dans ma tête.

On commence par un chapitre sur la génération années 90, un petit moment nostalgie où on replonge dans des souvenirs cultes et inoubliables. On parlera MSN, cassettes VHS et séries à succès.

C'était mieux avant ? Oui, il y aura un peu de ça. Mais surtout, une transition graduelle vers *c'est vraiment pas mieux maintenant*. Et c'est là que l'ambiance change. Le ton léger et drôle se durcit un peu pour aborder des questions plus sombres : isolement social, perte de repères, dilution des valeurs. Un uppercut en préparation.

Introduction

Ce virage nous amènera directement sur la thématique du développement personnel. Enfin, *cette sainte expression* qui a le don de m'agacer.

Après une petite digression sur l'usure de ce terme, on plongera dans des notions que j'ai décidé d'explorer sous un angle aussi concret que possible : l'attention, les émotions, la volonté ou encore l'imagination. Avec des outils et des leviers mentaux qui peuvent réellement changer la donne.

Mais ce chapitre marquera aussi le moment de la claque. Celle qui implique de se poser les *vraies* questions. **Qu'est-ce que vous voulez vraiment, à la fin ?** Pour certains, une petite zone de turbulences à traverser.

Ensuite, retour sur terre avec un sujet bien ancré dans le quotidien : la vie professionnelle. Mon parcours en entreprise et la transition vers l'entrepreneuriat m'ont permis d'explorer avant tout l'humain, ses dynamiques, ses paradoxes, et la manière dont il évolue dans un cadre structuré. Sans surprise, ces réflexions dépassent largement le cadre professionnel et s'appliquent à bien d'autres aspects de la vie.

On parlera objectifs (quid du processus ?), communication (tout le monde l'évoque, mais comment impacte-t-elle notre perception du monde, des autres ?), et on abordera les éternelles questions du quotidien avec un condensé synthétique à la *10 conseils et astuces pour être plus efficace*.

Et puis, difficile de ne pas parler santé. Pas celle des manuels théoriques ni des routines parfaites qu'on abandonne après trois jours. Celle du quotidien, qui repose sur des choix simples : apprendre à se connaître, bien manger, bouger, gérer son mental.

L'idée ? Trouver ce qui fonctionne pour soi, de manière intuitive, sans se compliquer la vie. Et parfois, tester de nouvelles expériences. Sortir (un peu) de sa zone de confort. Je vous proposerai quelques clés à expérimenter et des notions à explorer. On parlera cerveau, hormones, bains d'eau froide. Si ça vous semble sans queue ni tête, pas de panique, le lien est fait.

Enfin, dernier chapitre : le reset.

Un condensé des fondamentaux les plus élémentaires, ceux qui coulent de source, qu'on croit acquis, mais qu'on ferait bien de garder en tête et surtout, d'intégrer une bonne fois pour toutes.

Une remise à zéro ultime, un retour aux bases les plus capitales, mais souvent les plus négligées.

Parce qu'au fond, les vérités les plus simples sont celles qu'on applique le moins.

Une structure, on disait ?

J'aime l'ordre, l'efficacité, et le minimalisme.

J'ai donc voulu que ce livre respire.

Pour vous aider à naviguer dans ce joyeux fouillis, vous trouverez de brefs exercices, à faire tout de suite ou plus tard. Ils seront clairement signalés, afin d'aérer le texte et, accessoirement, de calmer mon obsession pour la clarté, justement.

Des listes et récapitulatifs viendront synthétiser les idées-clés parce que je sais que le flux de mes pensées peut parfois vous perdre en cours de route. Et aussi parce que j'adore les bullet points.

Des anecdotes également. Qui viendront casser un peu le rythme du texte et illustrer mes propos quand le flou se sera trop épaissi.

Dernier mot, sans transition.

Nos convictions et pensées nous appartiennent. Nos croyances sont le produit de nos expériences et des influences extérieures. Nous en reparlerons.

Parmi ces influences, je tiens à remercier toutes les personnes croisées ces 33 dernières années. Celles qui, avec de bonnes ou de mauvaises intentions, pour le meilleur ou pour le chaos, ont contribué à façonner mon parcours. À me faire évoluer ou, à défaut, à nourrir mes monologues intérieurs.

Ce livre est aussi le vôtre.

Bonne immersion,
Mélanie

CHAPITRE 1 :
GÉNÉRATION ANNÉES 90

La chaîne hi-fi, MSN et le Nokia 3310

Ahhh la génération des années 90… une génération de *transition*. Assez jeunes pour maîtriser l'intelligence artificielle, mais assez vieux pour avoir connu l'angoisse de rater l'enregistrement d'un film parce que la cassette VHS était déjà pleine.

On nous dit qu'on parle comme des *vieux*, qu'on ressasse à quel point *c'était mieux avant*.

Notre force ? Une capacité certaine à pouvoir comparer l'avant et l'après. À rester ancré dans un système de valeurs encore traditionnaliste où les relations humaines priment sur les interactions numériques.

Notre faiblesse ? Une nostalgie persistante et, parfois, un sentiment d'inadéquation avec le présent. Pas pour tous, bien sûr. Certains se sont parfaitement adaptés aux nouvelles habitudes de notre époque.

D'autres, en revanche, ressentent un véritable décalage et cherchent, jour après jour, à recréer les expériences de l'avant et à privilégier les vraies rencontres plutôt que les interactions virtuelles.

Ce décalage, nous sommes plusieurs à le ressentir. C'est la raison pour laquelle j'ai choisi de commencer ce livre par un chapitre consacré à *notre* génération. Une génération qui s'interroge, qui cherche à donner du sens aux piliers de la vie : santé, travail, relations amoureuses et sociales, évolution des nouvelles technologies.

Dans un monde où l'information fuse de toutes parts, où distinguer le vrai du faux relève du défi quotidien, obtenir des réponses claires et fiables semble plus complexe que jamais.

Avoir grandi dans les années 90, c'est avoir connu les grosses chaines hi-fi qui trônaient fièrement au milieu de tous les salons. C'est avoir enregistré le tube du moment sur une petite cassette dont le film s'emmêlait inévitablement, nous obligeant à dégainer un crayon bien taillé — mais pas trop — pour tenter de le sauver.

C'est aussi avoir assisté à l'heure de gloire de l'humanité au moment du déploiement d'Internet. D'abord sur l'ordinateur familial au caisson imposant, relié à une tour dont le ventilateur faisait plus de bruit qu'un moteur thermique au démarrage.

Mais attention, la connexion dépendait de la prise téléphonique, ce qui signifiait qu'il fallait parfois choisir : téléphoner ou surfer sur le web ? Un dilemme existentiel à une époque où chaque bip du modem annonçait potentiellement une nouvelle expédition numérique — *pourvu que personne ne décroche le téléphone en plein téléchargement.*

Pour les nostalgiques d'entre vous, enfance et adolescence riment peut-être avec MSN. Ce système de messagerie ancestral que l'on pourrait grossièrement qualifier de réseau social, où les notifications apparaissaient en orange et où des outils révolutionnaires comme le *wizz** venaient pimenter nos riches discussions et donner du poids à nos statuts philosophiques.

Si, comme moi, vous avez eu la chance de grandir dans un environnement sécure, avec des espaces verts en abondance, vous passiez sans doute beaucoup de temps dehors avec vos petits copains.

Manger des fourmis et de la terre, chevaucher des bouts de bois, improviser un toboggan dans une gravière... Certes, nos passe-temps ne nous auraient pas valu le prix Nobel de l'innovation, mais nous avions le plus précieux des biens : l'insouciance et cette incroyable capacité à vivre pleinement l'instant présent.

Comparez un enfant des années 90 avec un enfant des années 2010. Dans les années 90, pas de téléphone portable. Ou, tout au plus, le plus célèbre et vénéré des téléphones : le Nokia 3310. Bon, juste pour faire un appel en absence à Maman ou gratter quelques minutes pour jouer au *Snake*.

Mais pas de réseau social, ça c'est certain. On se donnait rendez-vous à une heure et un endroit précis, et on s'y tenait. Pas de message de dernière minute pour prévenir d'un retard ou d'un changement de plan. Une fois ensemble, nous vivions l'instant, totalement absorbés par ce que nous faisions et les personnes avec qui nous étions.

---

* Le *wizz* est ce fameux bouton permettant de faire vibrer l'écran de votre correspondant, autrement dit, de le secouer façon électrochoc lorsqu'on suspectait qu'il s'était endormi devant son PC – ou qu'on trouvait simplement qu'il mettait trop de temps à nous répondre.

Les enfants des années 2010, eux, grandissent avec un téléphone dans les mains — ou à défaut, dans celles de leur entourage. Tout se capture et se partage virtuellement. On se prend en photo, on se filme, et surtout, on diffuse cela plus loin. Il n'y a plus cette notion d'exclusivité où *ce qui se passe ici et maintenant reste ici et se vit maintenant.*

Pour un enfant de 2010, tout est potentiellement enregistré, conservé, répertorié. Dès lors que nos agissements sont filmés et diffusés à des tiers, le jugement devient inévitable. L'être humain étant enclin à la critique, le mécanisme du voyeurisme et de la critique s'enclenche, ôtant aux enfants d'aujourd'hui toute insouciance et tout espoir de préserver leur jardin secret.

Les petits grandissent dans un monde où l'accès à l'information est illimité : actualité en continu, vacances de leurs amis en libre accès, contenus pornographiques, racistes ou violents à portée de clic. Des problèmes et des dérives d'adultes.

Une grande différence avec nous, enfants des années 90 (et ceux d'avant), qui étions relativement préservés de tout cela. Notre degré d'exposition dépendait surtout de ce que nos parents et notre entourage choisissaient de nous transmettre.

Le temps passé devant l'ordinateur était généralement limité. Notre exposition numérique se faisait via MSN, des jeux PC ultra-pixélisés, ou par le biais de LimeWire, ce logiciel qui permettait de télécharger de la musique avec l'excitation et le suspense de savoir si, au final, il s'agirait bien du bon fichier ou d'un remix un peu douteux.

Nous avons aussi connu l'arrivée des premières séries télévisées à succès, celles qui ont marqué toute une génération. Pour ma part, *Lost : les disparus* et *Prison Break* restent gravées dans ma mémoire.

A l'époque, ni Netflix, ni streaming. Les épisodes étaient diffusés au compte-gouttes, un, parfois deux par semaine, toujours à un jour fixe. Le suspense était insoutenable mais il fallait attendre sept jours avant de connaitre la suite de notre série préférée.

Résultat ? Les séries ne pullulaient pas comme aujourd'hui et on suivait tous le même rythme de diffusion, vivant ainsi une sorte d'expérience collective.

À la récrée, on échangeait nos théories et nos hypothèses avec ferveur. Le lendemain d'épisode, c'était le grand débrief, avec ceux qui avaient regardé et ceux qui avaient raté — condamnés à attendre la rediffusion ou le récit approximatif d'un ami.

On savourait le moment. Regarder une série était un événement. On préparait du pop-corn, on comptait les minutes avant le lancement, et on regardait même les publicités d'avant-série avec une patience aujourd'hui impensable, au point d'en connaître les jingles par cœur. Parce que l'attente, finalement, faisait partie de l'expérience.

Tout le monde n'était pas forcément fan de séries, ni même autorisé à en regarder. Mais cet exemple permet de souligner qu'à l'époque, le caractère rare et exclusif d'un simple programme télévisé nous permettait de l'apprécier pleinement et d'en faire un moment social alors qu'il s'agissait de prime abord d'une activité plutôt individuelle.

Du walkman à Spotify

Aujourd'hui, les plus jeunes naissent dans un monde d'abondance quasi malsaine, où tout est disponible instantanément et où l'exclusivité est devenue rare. Et naturellement, quand tout nous est servi sur un plateau, on ne prend plus vraiment le temps de savourer ce qu'on consomme.

La surconsommation. Un mal qui caractérise si bien notre société actuelle. On consomme. Excessivement. De tout.

De la nourriture, souvent toxique.

La vie des autres, qu'on envie sans même les connaitre.

Du contenu multimédia, images et vidéos, parfois dérangeantes, inappropriées, ou simplement stupides.

Des relations. On prend, on jette. On ne s'engage plus. On veut de la quantité, pas de la qualité.

Bien entendu, toutes les évolutions scientifiques, technologiques et sociétales ne sont pas bonnes à jeter. De loin pas. Nous savons tous que certaines avancées ont permis de sauver des vies, d'améliorer notre confort ou de nous reconnecter à des proches que nous pensions perdus.

Et soyons honnêtes : pouvoir écouter le dernier tube de notre chanteur préféré sur Spotify sans devoir gérer un walkman de 20 cm de diamètre qui déconne à la moindre secousse, c'est quand même plus agréable dans un train bondé.

En revanche, je fais ici le choix d'aborder une réalité plus triste, avec une certaine mélancolie : les valeurs qui se perdent peu à peu.

Sortez les mouchoirs et un bout de chocolat (pour le moral) : les prochaines lignes sont un peu sombres.

Nos téléphones, mal du siècle 2.0 ?

Parmi les réalités les plus alarmantes, l'isolement social me désole particulièrement. Difficile de ne pas incriminer notre usage du téléphone portable, cet objet littéralement greffé aux mains des plus jeunes comme des moins jeunes.

Ai-je vraiment besoin d'illustrer mes propos ? Si vous êtes seul en ce moment, prenez le temps d'observer les gens à la prochaine occasion. Inutile de compter : peu importe où vous vous trouvez (sauf si vous êtes perché en altitude dans une cabane de montagne sans wifi), je parie que l'écrasante majorité des personnes autour de vous sont soit absorbées par leur téléphone, soit l'ont posé bien en évidence devant elles — prêtes à capter la moindre vibration, la moindre notification, comme si leur vie en dépendait.

Aujourd'hui, la majorité d'entre nous sommes esclaves de notre téléphone. Mais le constat le plus triste ne se limite pas à cette dépendance : il se révèle lorsqu'on s'intéresse à ce qu'il se passe derrière ces écrans.

Que consommons-nous ? Du contenu à haute valeur ajoutée ? Du contenu qui nous fait du bien ? Nous rend plus heureux, plus intelligents, plus à même de sociabiliser ?

L'ironie, c'est que le contenu qui marche le mieux sur les réseaux sociaux est justement celui qui met l'humain en avant. Qu'il s'agisse d'une photo ou d'une vidéo, les posts les plus performants sont souvent ceux qui montrent une personne. Les algorithmes le savent : nous voulons voir de l'humain.

Et pourtant, plus nous consommons ces images, plus nous nous enfermons derrière nos écrans, nous privant de véritables interactions. Nous voulons de l'humain, mais nous oublions peu à peu comment connecter avec les *vraies* personnes, dans la *vraie* vie.

> *Vous dire de poser votre téléphone alors que moi-même, j'ai scrollé entre la rédaction de deux chapitres, ce serait un peu hypocrite, non ?*
> *Au final, on est foutu, acceptons-le.*

Ou pas ! Dans une démarche d'amélioration personnelle (oui, ça fait un peu pompeux dit comme ça), j'essaie chaque jour de passer le moins de temps possible sur mon téléphone et surtout, de ne l'utiliser que pour... téléphoner, ou envoyer un message. Mes réseaux sociaux professionnels, je les programme depuis mon ordinateur, pour éviter le plus possible de devoir y aller sur mon téléphone.

Si je persévère dans cette direction, quitte à m'encoubler* continuellement, c'est parce que j'observe régulièrement à quel point ce fichu objet influence mes interactions sociales.

---

* S'encoubler : terme suisse désignant le fait de trébucher, de s'emmêler les pieds dans quelque chose et de tomber.

Dans le privé, il m'arrive souvent d'engager la conversation, sans forcément le vouloir, avec des inconnus lorsque je suis seule dans un café, simplement occupée à... boire mon café. Ou mon chaï latte aux épices. En général, j'échange soit avec le personnel, soit avec des personnes âgées.

Le personnel, parce qu'en étant constamment en train de s'occuper des clients, il n'a ni le temps — ni souvent le droit — de sortir son téléphone. Les personnes âgées, parce que la plupart d'entre elles n'ont pas grandi avec le scrolling compulsif et préfèrent partager quelques mots, lire le journal ou simplement savourer leur café.

> *Dans le cadre du lancement de mon activité en tant qu'indépendante, j'ai participé à plusieurs événements de réseautage, parfois en solo. S'installer seule à une table haute, au milieu d'une salle remplie de monde, sans rien faire d'autre qu'observer ce qui nous entoure, c'est probablement l'une des meilleures façons que j'ai expérimentées pour réseauter et avoir des échanges spontanés. Pourtant, très peu de gens le font, et pour cause : nous avons non seulement perdu l'habitude de ne rien faire, mais nous vivons aussi dans un monde où le fait de ne rien faire génère carrément un sentiment de gêne ou de malaise.*

Sortir son téléphone lorsque nous attendons le bus, patientons devant un café ou espérons qu'on vienne nous aborder à une soirée de réseautage est devenu un réflexe. Comme si rester seul, ne serait-ce que quelques minutes, était une situation embarrassante.

Le téléphone est passé d'un outil fonctionnel permettant d'appeler (oui, je vous assure, à la base, c'était ça son rôle), à un accessoire de statut, un moyen de se donner de l'importance ou d'échapper à une situation gênante. Etrange, et vraiment dommage.

Ma maman m'a toujours dit qu'un enfant, ça doit s'ennuyer. Et elle avait raison. L'ennui, c'est normal, et surtout, c'est un état dans lequel l'humain n'a pas envie de rester. Dans ces moments-là, l'imagination prend le relais et on se met à créer et à inventer.

Observez un enfant dans un bac à sable : il construit, il invente. Chez l'adulte, le processus est le même. L'ennui pousse à la réflexion, à l'imagination, et souvent, à la naissance de projets concrets. Notre cerveau a soif de nouveauté et d'activité. Dans l'ennui, il se met à chercher, à créer et en parallèle, on prend le temps d'apprécier ce que l'on fait, on ralentit.

Le temps, cette ressource si précieuse qui est pourtant aujourd'hui consommée à un rythme effrayant, comme s'il était illimité. Avant, nous devions attendre des semaines pour faire développer une photo prise avec nos bons vieux appareils. On attendait les tirages avec impatience, on prenait le temps de passer en revue chaque photo, de se remémorer intensément le souvenir photographié.

Aujourd'hui, si une image met plus d'une seconde à s'afficher sur notre écran, on frôle la crise de nerfs, prêt à envoyer son routeur wifi par la fenêtre et à menacer son opérateur. Moi la première...

Qu'il est beau, notre nombril !

Plus jeunes, nous avions davantage d'occasions de sociabiliser. L'isolement social, autrefois un phénomène marginal, touche désormais toutes les catégories d'âge.

Ce qui est particulièrement inquiétant, c'est qu'il frappe de plein fouet les plus jeunes, alors que l'enfance et l'adolescence sont justement les périodes où l'on construit son cercle social, où l'on apprend à interagir, à créer du lien. Des liens qui existent désormais à travers des écrans. Plus rapides, plus pratiques, mais infiniment plus fragiles.

Malgré ce constat, je ne peux m'empêcher de me poser la question de la réelle ampleur de ce problème. Quand on voit à quel point les valeurs fondamentales se sont effritées, est-ce vraiment si mal que ça, cette tendance à s'isoler toujours plus ? Est-ce vraiment dramatique que les relations humaines deviennent moins fréquentes ?

"Oh, en fait, ce qu'elle veut dire, c'est qu'elle n'aime pas les gens !"

Franchement, les gens, je les aime bien. Certains en tout cas. Une minorité, peut-être. OK, une petite dizaine ?

Oui, j'exagère. Mais sérieusement, les personnes qui ont des principes pourtant basiques, intrinsèques à notre condition d'être humain, ça commence à devenir aussi rare qu'un Tamagotchi encore en vie au bout d'une semaine, non ?

Je suis sûre que beaucoup d'entre vous ont hoché la tête en lisant ces lignes. Que vous vous êtes dit : *"Mais oui, exactement, je me sens aussi complètement en décalage avec une grande partie des gens !"*

Mais alors, dites-moi : vous êtes où, les gens comme nous (je fais référence à certains de mes proches et moi-même, qui hochons souvent ensemble de la tête durant nos discussions) ? Ceux qui se posent les mêmes questions, qui ressentent cette même frustration, cette même incompréhension ?

Parce qu'honnêtement, je ne sais pas vous, mais moi, je perds gentiment foi en l'humanité. Pour deux raisons :

Premièrement, l'individualisme et l'égocentrisme omniprésents. Cette obsession de soi, ce monde où l'on ne fait plus que prendre sans jamais se soucier de donner.

Deuxièmement, l'absence répandue d'enthousiasme, de vie, d'ambition. Toutes ces personnes qui semblent subir leur quotidien, en mode automatique, comme s'ils attendaient simplement que le temps passe.

Si vous faites partie de ceux qui demandent *"T'as fait quoi ce week-end ?"* dans le seul but d'interrompre votre collègue à la première occasion pour raconter *votre* week-end, permettez-moi de vous poser une question simple :

C'est quoi, le souci ?!

Et si, au contraire, vous êtes le collègue qui s'est fait couper la parole avant même d'avoir pu en placer une, sachez que je compatis. Sincèrement.

Admettons, en plus, que vous soyez une personne particulièrement ouverte d'esprit, curieuse et passionnée par les échanges. Alors là, félicitations : vous ouvrez grand la porte à ce genre de discussions lunaires. Mettre une personne bienveillante et à l'écoute face à une personne totalement autocentrée, c'est créer le terreau idéal pour une magnifique discussion à sens unique.

> *Pour l'anecdote, je me souviens d'un week-end de formation en montagne il y a quelques années. J'étais entourée de personnes dont je ne connaissais pas la majorité. Un soir, à l'heure du souper, l'une d'elles a passé vingt minutes à me raconter sa vie. Dans les moindres détails. Allant jusqu'à me livrer le prénom de chacune de ses poules.*
> *À la fin du repas — et même à la fin du week-end — cette même personne ne savait toujours pas mon prénom, puisqu'elle n'avait pas jugé utile de me le demander.*
> *En même temps, quelle importance ai-je, moi, Mélanie, face à Ginette, la poule au plumage roux auburn ? Bon, je l'avoue, j'ai inventé le nom de la poule, parce que je ne m'en souviens plus. Honte à moi. Mais le reste est 100 % véridique.*

Ensuite, il y a cette autre catégorie de personnes (et parfois, jackpot, une seule et même personne peut cumuler les deux qualités). Celles pour qui tout semble uniformément gris. Ni blanc, ni noir. À qui il n'arrive jamais rien ni de vraiment bien, ni de franchement mal.

OK, ça frise le jugement. Et avant qu'on me tombe dessus, précisons une chose : je ne dis pas qu'il faut faire du saut à l'élastique, aller au travail en parapente ou gravir la face nord du Cervin pour avoir une vie remplie.

On me dit parfois que tout le monde ne peut pas être passionné par quelque chose. Que c'est tant mieux si moi je le suis, mais que je dois comprendre que ce n'est pas la norme.

Pourtant, ce à quoi je fais référence ici, ce n'est pas une question de hobbies extrêmes ou d'adrénaline. C'est l'absence de vie qui semble émaner de certaines personnes.

Cette impression que rien ne les anime, qu'elles ne sont traversées par aucun élan, aucune passion.

Si c'est ça, la norme, alors je préfère l'exception.

Et si je pousse ce raisonnement, cela voudrait dire que tout le monde ne peut pas ressentir de vibration pour un projet, une personne ou une situation. J'entends cet argument, mais j'ai sincèrement du mal à l'intégrer.

Je considère les émotions comme la finalité de toute chose, et j'y reviendrai d'ailleurs à plusieurs reprises dans cet ouvrage. La vie est faite pour vivre et expérimenter toutes sortes d'émotions. Voir des personnes qui semblent imperméables à tout, incapables non seulement d'exprimer mais de ressentir de vraies émotions, d'être touchées — en bien ou en mal — par une situation, c'est difficile à concevoir.

Ou déroutant, si l'incapacité à ressentir est réelle.

Mais j'en reviens à penser que nous *devons* ressentir. Peu importe ce qui nous anime. La nature de nos envies est secondaire. Ce qu'elles nous font vivre et ressentir est essentiel.

Je ne connais strictement rien en physique nucléaire, mais si c'est un sujet qui vous passionne, je suis convaincue que vous saurez m'en parler avec enthousiasme et me captiver, même si je ne saisis que la moitié de vos explications.

Être *surexcitée, émerveillée d'un rien, débordante d'énergie*, telle qu'on me décrit souvent et telle que je me sens, est-ce un dû dès la naissance, ou quelque chose qui se cultive ?

Pouvoir s'émerveiller devant la même montagne pour la 58e fois, simplement parce que l'angle est différent, se sentir ressourcée après une course sous la pluie, rire sincèrement à des blagues de bas niveau, doit-on l'attribuer à un facteur chance ?

Je n'en ai pas la moindre idée. Tout ce que je sais, c'est que je croise de plus en plus de personnes qui ne vibrent pour rien. Qui donnent cette impression glaçante de subir leur vie, sans rien n'avoir ni à donner, ni à recevoir.

Ces quelques pages reflètent en grande partie les questions qui me taraudent au quotidien et qui nourrissent des conversations parfois passionnantes avec mon entourage. Beaucoup partagent mes questionnements, mes constats et mes frustrations.

Nos réflexions commencent souvent par des questions très pragmatiques, puis, au fil de la discussion, elles dérivent vers des notions plus philosophiques. On finit souvent par s'interroger sur ce que l'on veut vraiment, sur ce que l'on cherche, que ce soit sur le plan personnel ou relationnel.

Quand nos discussions atteignent leur paroxysme, on en vient à évoquer le vide existentiel, l'avenir de l'humanité face à l'intelligence artificielle, ou encore la définition même des relations sentimentales.

Nous sommes une génération qui questionne tout. Qui oscille entre nostalgie et adaptation, entre besoin d'ancrage et soif de renouveau. Nous avons grandi avec un pied dans l'avant et un pied dans l'après, et peut-être que c'est précisément cette dualité qui nous pousse à chercher. À vouloir comprendre.

Le développement personnel a émergé comme une tentative de réponse à ce besoin de compréhension. Il est partout. Dans les livres, dans les conférences, sur les réseaux sociaux. Un marché en pleine expansion, un business juteux, une industrie à part entière.

Alors, comprendre quoi, exactement ? Ce que nous avons perdu en route, ou ce que nous devons encore trouver ? La question reste ouverte, et c'est précisément ce qui rend cette quête aussi fascinante qu'exaspérante : entre introspection utile et grand marché des promesses miracles, il y a un monde.

Prenez votre pelle, on va creuser.

CHAPITRE 2 : TRAVAUX SUR SOI : DÉVIATION EN COURS

Une parenthèse linguistique

Le *développement personnel*. Si j'ai sciemment omis de donner ce titre à ce chapitre, c'est parce que le terme m'agace. Au-delà du mot lui-même, c'est son omniprésence, cette obsession qu'on en fait et les excès qui en découlent qui m'irritent quand je l'entends.

Tout le monde doit *travailler sur soi, plonger dans son enfance, tout comprendre* pour devenir *la meilleure version de soi-même*.

Vous haussez les yeux au plafond ? Moi aussi.

Mais si on s'attarde sur de la linguistique pure, on sera soulagé de constater que dans les faits, *développement personnel* signifie simplement développer sa propre personne. Ce qui veut tout dire... et rien dire à la fois.

Pourquoi vouloir se développer à tout prix ? Ne peut-on pas juste être ce que nous sommes, qui nous sommes, et rester tel quel ? Si votre vie vous plaît, pour quelle raison devriez-vous chercher à la changer, en vous changeant vous-même ? Franchement, si votre vie vous convient telle qu'elle est, alors ne cherchez pas midi à quatorze heures.

Simple. Basique.

On n'a pas toujours besoin d'aller chercher au plus profond de soi pour être épanoui. Tout est une question de perspective.

Comme je le disais au chapitre précédent, l'une des choses dont je suis le plus reconnaissante, c'est cette curiosité naturelle qui m'anime au quotidien, qui fait partie de ma personnalité. Quand on s'émerveille d'un rien, qu'on prend du plaisir à apprendre et à assimiler les connaissances qu'on veut bien nous transmettre, on a généralement toujours soif d'en découvrir davantage. De suivre un chemin en constante évolution et de nous développer, nous aussi, en parallèle.

C'est cette idée d'évolution perpétuelle, d'acquisition d'expériences et de connaissances qui se rapproche le plus, pour moi, du fameux *développement personnel*.

Par essence, il est difficile d'en donner des recommandations générales. Mais certains outils, méthodes et techniques sont accessibles à tous pour avancer vers ses propres objectifs. Des principes fondamentaux existent et nous concernent tous, et c'est justement ceux-là que j'aimerais explorer dans les sections suivantes.

Le fil rouge ?

Revenir aux sources.

Aux bases. À l'essentiel. À la simplicité.

Malgré la logique implacable de ce que vous allez lire, malgré le fait que nous connaissons tous ces principes, une grande partie d'entre nous peine à passer de la théorie à la pratique. De la réflexion à l'action.

C'est un peu comme ces astuces qu'on sait fonctionner mais qu'on refuse d'appliquer tout de suite.

Souffler dans une cartouche de jeu Nintendo : on sait que c'est la solution, mais on préfère perdre dix minutes à insister, à espérer un miracle, avant d'admettre qu'il faut s'y résoudre.

Bon, le contexte est posé. L'exemple est donné.

Maintenant, on passe à l'action.

L'action, c'est la vie

"Je sais pas comment tu fais pour faire tout ce que tu fais."
"Ta journée, elle fait 24, ou 50h ?"

Ces commentaires, je les reçois généralement de deux catégories de personnes. Les plus sceptiques y voient un besoin obsessionnel de remplir mes journées et me prédisent un crash imminent, façon prise de glissière à 120 km/h. Les autres me disent qu'on n'a qu'une vie et qu'elle est faite pour être vécue à fond, quitte à se prendre deux-trois gamelles au passage.

Laissez-moi vous faire une confidence : pour moi, la vie est nettement plus simple dans l'action. Plus épanouissante, plus gratifiante. L'essence même de la vie, c'est le mouvement, l'action.

Je le répète dans mes suivis en préparation physique, où le mouvement est au cœur du travail. Mais aussi dans mes formations en santé mentale, car là encore, tout commence par l'élan que l'on décide de donner à sa vie.

Pas convaincu ? OK.

> Quand vous êtes cloué au lit, malade, fiévreux, comment vous sentez-vous ? *Malade*, me direz-

> vous, l'air blasé. Effectivement. Tout tourne au ralenti, votre corps est à l'arrêt, et vous n'avez d'énergie pour rien.
> Pensez maintenant à ce qu'il se passe dès que vous commencez à aller mieux. Que ce soit après la prise d'un anti-inflammatoire ou une fois cette fichue grippe passée. Vous avez envie de bouger, pas vrai ? De vous lever pour faire un thé, ranger ou laver cette couverture dans laquelle vous avez macéré durant trois jours. Votre corps et votre esprit réclament du mouvement, un retour à la vie normale. Et ce n'est pas un hasard. Les bienfaits du mouvement sur le corps et l'esprit ne sont plus à démontrer.

Mes amis aux métiers sédentaires : vous connaissez le fameux coup de barre de 14h ? Essayez ceci. Levez-vous. Faites quelques pas. Faites vos réunions debout. Et observez. Vous verrez que votre coup de mou disparaîtra presque aussi vite qu'il est arrivé.

Nous parlerons d'activité physique et de mouvement dans le chapitre sur la santé, avec des informations plus précises sur les impacts du mouvement sur notre santé physique et mentale. Ici, toutefois, j'aimerais que nous restions sur cette notion d'action au sens large.

> D'ailleurs, ce livre que vous êtes en train de lire, c'est le combientième, au juste ? Et pourquoi avoir choisi celui-ci ? Outre le fait que mon marketing était redoutablement bien ficelé et vous a

convaincu de l'acheter – ou que vous êtes ma cousine ?

L'être humain a des besoins. De sécurité, de validation (souvent par ses pairs), et de minimisation des risques, notamment.

Avant de lancer un business, on passe des heures à écouter des podcasts, on achète trois livres sur la tarification, on se plonge dans le développement personnel pour vérifier qu'on a bien *l'état d'esprit de l'entrepreneur.*

Oui, s'informer, se renseigner, s'inspirer d'autres expériences est essentiel pour notre développement et pour assouvir cette fameuse soif de connaissances dont nous parlions tout à l'heure.

Mais dans une époque où l'information fuse de partout, où tout et son contraire peut être raconté sur une seule et même plateforme, rappelez-vous d'une chose : trop d'information tue l'information.

Si vous faites partie de ceux qui cherchent constamment des réponses à droite et à gauche, demandez-vous : **est-ce vraiment du savoir que je recherche, ou une validation ?**

Parce qu'à force de vouloir toujours en savoir plus, on finit par repousser le moment où l'on passe à l'action. Un mécanisme bien pratique qui nous permet de nous donner une excuse en béton :

"Non, c'est pas que je veux pas me lancer, c'est juste que je dois d'abord m'assurer que, quand je me lancerai, j'aurai du succès."

Spoiler alert : la garantie du succès et de la réussite, c'est un leurre. Un mythe. Une illusion qui rassure, certes, mais qui reste une illusion.

Je ne sais pas pourquoi vous avez acheté ce livre. Mais si c'était dans un but de validation, j'espère sincèrement qu'il aura apporté quelques réponses à vos questions. En revanche, je ne peux que vous encourager à réévaluer votre ratio collecte d'informations / passage à l'action.

> Combien de Reels Instagram allez-vous encore regarder avant de tester enfin cette délicieuse recette de tapas espagnols ?
> Combien de podcasts de businessmen à succès allez-vous écouter avant d'oser parler de votre projet à votre entourage ?

Le temps passe. C'est l'une des rares certitudes de la vie. Vos projets méritent d'être concrétisés, d'exister ailleurs que dans un coin perdu entre vos deux hémisphères cérébraux.

Personne ne vous dit de foncer tête baissée sans avoir réfléchi aux implications et à la finalité de votre projet. Tout est une question de dosage. Mais posez-vous cette question, sincèrement : **suis-je encore en train de préparer mon projet, ou suis-je en train de chercher une validation, une sécurité, un prétexte pour retarder l'action ?**

Parce que c'est là, précisément, que se joue la différence entre une idée qui reste un concept et une idée qui prend vie.

> *Lancer mon business a été une énorme sortie de zone de confort. Logique. Ce que je voulais ? Un business plan en béton, un plan de lancement millimétré sur six mois, une communication irréprochable et maîtrisée, et, cerise sur le gâteau, connaître mes futurs clients mieux qu'ils ne se connaissaient eux-mêmes.*
>
> *J'ai assez vite réalisé que ma quête d'informations n'était en réalité qu'une excuse pour retarder le moment fatidique du lancement.*
>
> *Pourquoi ?*
>
> *Parce que personne n'a envie d'être confronté à l'incertitude de la réussite, et encore moins à l'éventualité de l'échec.*
>
> *Parce que se lancer, c'est lâcher prise. Accepter qu'on ne puisse pas tout contrôler.*

Passer à l'acte, c'est se confronter à des choses désagréables que l'on préfère souvent éviter. Pourtant, comme dans tant d'autres domaines, la véritable difficulté réside dans ce moment-clé : **l'anticipation, celle qui précède l'action**. L'instant où le déclic doit se faire.

Une fois ce cap franchi, tout paraît plus simple — même si le résultat obtenu n'est pas forcément celui que nous espérions.

- Vous avez la boule au ventre avant un examen ?
- Vous n'avez aucune envie d'enfiler vos baskets parce qu'il pleut des cordes ?
- Vous avez la gorge nouée à l'idée de devoir mener un entretien de recadrage avec l'un de vos collaborateurs ?

Qu'ont en commun ces trois situations ?

Le pire ne vient pas de l'action elle-même, mais de l'attente durant laquelle le stress et l'appréhension atteignent leur paroxysme.

Demandez à n'importe quel sportif : ce qu'il redoute le plus avant une compétition, ce n'est pas la course en elle-même. C'est le temps qui précède le coup d'envoi.

Une fois qu'on est lancés, tout devient plus simple. Pas forcément plus facile, mais plus simple.

- Une fois que l'examen commence, vous êtes pleinement absorbé par les questions, mobilisant toutes vos ressources pour réussir.
- Une fois que vous courez sous la pluie, vous êtes libéré de cette flemme qui vous clouait au canapé — et sans doute même que vous appréciez votre entraînement.
- Une fois la discussion avec votre collaborateur entamée, votre gorge se desserre. Vous êtes dans le concret, et il n'y a plus de place pour les scénarios catastrophe que votre cerveau avait soigneusement préparés.

Dans l'action, on mobilise instinctivement ses ressources de manière plus efficace, orientées vers son objectif. Le flux de pensées ralentit, l'attention se concentre sur ce vers quoi nous tendons. Et l'attention, nous en parlions en introduction, est l'un des piliers de l'épanouissement et du bonheur.

Croyez-moi ou pas, parfois, **c'est plus facile à faire qu'à dire**. Oui oui, vous avez bien lu.

Sceptique ?

Travaux sur soi : déviation en cours

On est censé croire que se dire simplement *"arrête d'avoir des pensées négatives, obsessionnelles"* suffit à les faire disparaître comme par magie ? Certainement pas. Déjà, il y a un problème dans la formulation (on reparle du cerveau et de la négation dans un instant).

En revanche, remplacer des pensées envahissantes par une autre pensée (*Un, deux, trois, action !*) change complètement la donne. Et ça, c'est déjà bien plus accessible.

> *Il y a plusieurs années, j'étais au fond du bac. Vraiment au fond. Je pensais que je ne remonterais pas la pente, que je ne ressentirais plus jamais ni joie, ni enthousiasme, ni même l'envie d'aller mieux. C'était un dimanche matin (forcément). J'étais, comme depuis plusieurs jours, recroquevillée en position fœtale sur mon canapé, l'inondant de mes larmes. Et là, j'avais deux choix :*
> *Dépérir sur ce canapé jusqu'à ce que le tissu fusionne avec ce qu'il me restait de peau sur les os (j'étais tombée à quasi 39 kg), et sombrer définitivement.*
> *Ou je pouvais me lever. Prendre ma voiture. Sortir, et voir ce que ça pourrait bien donner.*
> *Le plus difficile, ce n'était pas l'idée d'aller dehors. C'était d'enfiler ce foutu pantalon. De mettre mes baskets. De me traîner jusqu'à ma voiture. De provoquer ce déclic.*
> *Ce jour-là, je me suis donc forcée à monter dans ma voiture. Je ne savais pas où aller, alors j'ai roulé, au hasard. Et c'est ce jour-là que j'ai pris de l'altitude. Que j'ai découvert, à une trentaine de minutes de*

> *chez moi, un endroit paradisiaque que je n'avais encore jamais exploré.*
> *Et c'est ce jour-là que j'ai compris la puissance de la montagne.*
> *Depuis, je ne l'ai plus jamais quittée.*

Mobiliser nos ressources demande un effort, surtout quand le canapé et l'inaction nous tendent les bras. Pourtant, passer à l'action enclenche un mécanisme puissant : il coupe net le flux de pensées envahissantes. Plus de tergiversation, et ça change tout.

Rappelez-vous que votre corps et votre cerveau sont câblés pour chercher le bien-être. Avec un simple coup de pouce de votre part, ils feront tout pour vous rendre heureux. C'est inscrit dans notre ADN — personne ne veut être malheureux.

Alors, la prochaine fois que vous vous surprendrez à penser *"C'est plus facile à dire qu'à faire"*, rectifiez :

"Finalement, c'est plus facile à faire qu'à dire."

Et laissez la magie opérer.

Can't, or won't ?

L'anglais illustre à la perfection la distinction entre **vouloir** et **pouvoir**. Si vous regardez des séries en version originale anglaise, vous avez sûrement déjà entendu cette réplique cinglante, souvent accompagnée d'une musique intense :

> *"I can't do it, man."*

Réponse de l'interlocuteur, sèche, yeux plissés :

"Can't or won't ?"

Traduction :
"Je ne peux pas le faire, mec."
*"Tu ne **peux** pas, ou tu ne **veux** pas ?"*

Bim, la punchline !

Probablement sans le *vouloir*, Hollywood met ici le doigt sur une distinction fondamentale : ce que l'on est réellement *incapable* de faire, et ce que l'on *choisit* de ne pas faire.

"Je ne peux pas dire à mon chef que j'ai trop de travail."
"Je ne peux pas tout plaquer pour lancer mon business."
"Je ne peux pas manger sainement alors que le tiroir de mes collègues déborde de biscuits et de chocolat."

Can't... or won't ?

Si j'ai choisi de consacrer une section entière à la volonté, c'est parce qu'elle touche à une dimension bien plus large, ancrée dans notre époque : celle de l'autonomie et de la responsabilisation de soi.

Le mécanisme de la volonté est complexe. Parfois, nous sommes tellement perdus et désorientés que nous participons nous-mêmes à notre propre stagnation. Et parfois, c'est notre corps qui nous met des bâtons dans les roues.

Par exemple, quand notre équilibre hormonal est perturbé, la volonté ne suffit plus. Vous vous êtes privés de nourriture pendant plusieurs heures, plusieurs jours, avez suivi un régime strict pendant des semaines ? Avec toute la bonne volonté du monde, vous ne résisterez pas aux fringales et aux compulsions alimentaires que vos hormones auront déclenchées.

Oui mais voilà : si les hormones font partie des facteurs pouvant altérer votre volonté, n'oubliez pas que l'inverse est aussi vrai : vous pouvez agir en amont, influencer ces facteurs, créer un environnement favorable au déploiement de votre volonté. Et c'est précisément pour cette raison que **vous êtes responsable de vos actes**.

Nous n'avons pas le contrôle sur tout, c'est un fait. Mais nous avons toujours le pouvoir de décider de ce que nous voulons, et seul vous pouvez le faire.

Vous vous souvenez que dans l'intro, je vous avais prévenu que *ce programme pouvait heurter la sensibilité d'un public non averti*, vous bousculer un peu ? Eh bien on y est.

Préparez-vous. Ça risque de secouer un peu. Mais en douceur. Enfin, normalement. Gardez quand même vos genouillères à portée de mains, on ne sait jamais.

Nous vivons dans un monde saturé de distractions, certes. Mais qui, exactement, vous oblige à garder votre téléphone vissé à la main 24h/24 ? Qui vous a forcé à activer ces notifications sonores et visuelles qui surgissent à tout-va ? Vous faisiez comment déjà, il y a quinze ans ?

Stop à l'excuse *"oui mais le monde a évolué, on ne peut plus se passer de notre téléphone."* Faux. Si vous répondez à ce WhatsApp demain matin au lieu de dans la seconde, la terre continuera de tourner. Si, si. Testé et approuvé.

> *Cela fait des années que j'ai coupé les notifications sur mon téléphone. Seuls les appels sont signalés (et encore, juste par un vibreur). Pourtant, je suis entrepreneur, bosse dans la prestation de services et la communication. Et devinez quoi ? Je m'en porte très bien.*
> *Si vous m'écrivez, c'est que vous n'attendez pas une réponse immédiate de ma part. Et si c'est le cas, pas de bol, vous risquez d'être déçu. Personne ne peut exiger de vous que vous soyez disponible à tout moment.*

Si les gens vous harcèlent de messages, s'impatientent quand vous mettez plus d'une heure à répondre, c'est que vous leur avez peut-être donné cette habitude. Ce n'est pas forcément la faute de la société, de la digitalisation, ou d'un quelconque algorithme maléfique.

Et si on creuse un peu, cette avalanche de notifications qui vous envahit au quotidien, c'est pour quoi exactement ? Un shoot d'attention ? Un petit frisson d'importance ?

On a beau nous prouver par A+B que notre dépendance au téléphone est malsaine, que notre comportement frôle le répréhensible, que notre santé en prend un coup et que nos agissements entraînent des répercussions négatives sur notre entourage, tant que la décision de changer ne vient pas de nous, tous ces avertissements resteront vains.

Volonté, discipline, motivation.

Trois mots qu'on nous sert à toutes les sauces, surtout dans ces *pep talks* matinaux censés nous transformer en machines ultra-productives dès le premier café.

Trois termes scandés par les coachs de vie, les influenceurs et les gourous du mental. Trois mots qui, pourtant bien compris et utilisés à bon escient, peuvent réellement nous propulser en avant.

Mais justement, les comprend-on vraiment ?

Reprenons un instant notre casquette de linguiste amateur.

Si pour vous, *motivation = discipline = volonté*, alors nous n'interprétons pas ces mots de la même manière. Dans ma vision des choses, ces trois mots ne sont pas interchangeables et ne jouent pas le même rôle.

Prenons un exemple concret, dans le sport : l'entrainement de haute intensité en course à pied, en côte.

> Le concept est simple : courir en montée, sur une pente bien raide. L'effort dure entre 30 secondes et 10 minutes, selon le protocole choisi, suivi d'une récupération généralement plus courte que la durée d'effort, avant de tout recommencer. Entre quatre et dix fois.
> Vous visualisez ? En gros, vous sprintez sur une colline. Vos jambes brûlent, votre souffle s'arrache, et vous sentez poindre une légère envie de vomir.
> Le rêve.

Difficile d'apprécier ces instants, même pour les acharnés du sport qui vous diront qu'ils *"adorent se mettre dans le rouge."*

Soyons honnêtes. Le vrai rouge, le cramoisi, personne ne l'aime. Le goût métallique du sang dans la bouche, la sensation que vos poumons vont exploser, les muscles au bord de la crampe... sur le moment, ça n'a rien d'une partie de plaisir.

Ce qu'on aime, c'est l'*après*. La décharge d'endorphines, la fierté, la sensation d'avoir conquis un Everest miniature. Donc on y retourne, même si on sait très bien ce qui nous attend. Parce qu'on est soumis à ce mécanisme en trois parties.

La motivation, la discipline et la volonté opèrent comme un entonnoir. Tout commence par la motivation, un concept large et engageant. Personnellement, *la pratique du sport me motive*. C'est un pilier dans ma vie, une constante qui m'accompagne tous les jours.

Parmi les sports, la course à pied en montagne me motive particulièrement et la source même de cette motivation provient de tout ce que je vais ressentir durant ma pratique : l'émerveillement face aux paysages, l'adrénaline d'une descente bien technique, les montagnes russes émotionnelles : euphorie, dépassement, fatigue, et ce moment où votre cerveau négocie avec vos jambes pour qu'elles continuent.

Bref, *l'idée de courir en montagne me motive*.

En revanche, je ne suis pas toujours ravie, *motivée*, à l'idée de réaliser un entrainement par intervalles parce que je sais que je vais en baver.

Mais je le fais quand même. Pourquoi ? Parce que je suis consciente que ces entraînements sont essentiels à ma progression. Je sais que ça améliorera mon endurance, ma force, ma résistance. Et cette conscience rationnelle, c'est la discipline.

La discipline, c'est ce qui prend le relais pour honorer la motivation. Quand il pleut. Quand on est fatigué. Quand la charge de travail explose et que la tentation de zapper la séance est forte. C'est là que le mental rationnel intervient.

Mes expériences m'ont prouvé une chose : je n'ai jamais regretté un entraînement. Certains ont été horribles. Parfois, j'ai détesté chaque seconde. Pleuré en plein effort. Me suis blessée. Mais je n'ai jamais regretté d'y être allée. Alors, je m'impose cette discipline. Parce que, parfois, il faut laisser la raison l'emporter sur l'émotion pour avancer.

Et puis arrive le moment critique. Celui où même la discipline ne suffit plus. Dixième série de sprint en montée. Les jambes tremblent. Le cœur cogne dans la poitrine. Le cerveau crie *STOP* avec toute la logique du monde.

À ce stade, la raison voudrait qu'on s'arrête. C'est ici que la volonté entre en jeu. La volonté, c'est vouloir aller au bout. C'est décider que, peu importe la souffrance, on finira ce qu'on a commencé.

Pas par motivation.

Pas par discipline.

Mais parce qu'on le veut.

Et quand on veut, on exécute.

On récapitule.

Lorsqu'on veut opérer un changement, trois composantes doivent être réunies.

- La motivation, c'est ce désir viscéral qui vous pousse à agir, cette flamme intérieure qui donne du sens à votre objectif.
- La discipline, c'est la matérialisation des actions concrètes qui vous permettent d'y parvenir.
- La volonté, c'est l'engagement ferme que vous prenez envers vous-même : je veux atteindre cet objectif.

J'en parle plus en détail dans la section suivante, mais autant aborder un fondamental : sans une émotion associée à un objectif, il n'y a pas de motivation. Si derrière chaque ambition, vous ne recherchez pas une émotion particulière, alors laissez tomber.

Si la course à pied me procure un sentiment de liberté et d'extase, peut-être que pour vous, c'est juste une corvée. J'aurai beau vanter ses bienfaits, vous expliquer à quel point je me sens bien après un run, si, en l'expérimentant, vous ne ressentez rien, vous n'aurez aucun intérêt à continuer.

Et vous aurez raison.

Parce que ce qui fonctionne pour moi ne fonctionnera pas forcément pour vous. La vraie question est donc : qu'est-ce que **vous** voulez ? Pas ce que les autres attendent de vous. Pas ce qui semble être le bon choix. Pas ce qui récolte des likes ou des applaudissements. Mais **ce que vous voulez vraiment**.

Laissez de côté le besoin de validation et demandez-vous ce qui vous anime réellement. Il n'y a ni bonne ni mauvaise réponse. Chacun cherche à expérimenter des émotions spécifiques, à travers des objectifs qui lui sont propres.

Maintenant, la question sous-jacente est : peut-on travailler la motivation, la discipline et la volonté seul, ou a-t-on besoin d'un coup de pouce extérieur ? Est-ce que ces qualités se développent dans l'isolement, à force d'introspection et d'efforts personnels, ou peut-on les renforcer avec l'aide d'un coach, d'un mentor, d'un entourage inspirant ?

Autrement dit : **peut-on se faire coacher pour être motivé, discipliné et volontaire ?**

Après la notion de *développement personnel*, on s'attaque à celle de *coaching*.

Faites un break et allez chercher votre dictionnaire, on repart sur de la linguistique.

Coach ou béquille ?

Le coaching, c'est à la mode. Coach sportif, coach en entreprise, coach en réinsertion professionnelle, coach de vie... Tout comme le mot *développement personnel* m'exaspère, l'étiquette du *coach* m'exaspère tout autant.

Pourquoi ? Parce que coach de vie, ça veut dire quoi ? Qu'on doit être coaché pour vivre ? Et les coachs de vie, ils sont eux-mêmes coachés par d'autres coachs de vie ? Du coup, l'œuf ou la poule ?

À ce stade de votre lecture, vous devriez commencer à me connaître ou à percevoir mon fonctionnement. Vous ne serez peut-être pas surpris de lire que ce qui me dérange dans l'idée du coaching, ce n'est ni le concept, ni le terme en lui-même, mais l'utilisation et l'interprétation qu'on en fait.

Faire du coaching, c'est aussi mon métier. Donc tacler les coachs revient à me tacler moi-même et, quand bien même j'ai parfois eu des tendances à l'auto-flagellation, j'ai appris à me poser des limites.

Reprenons notre mécanisme motivation — discipline — volonté. La motivation ne peut être définie que par vous. Aucune tierce personne ne pourra vous dire ce que vous voulez faire. Seul vous le savez. Ici, le coach ne sert à rien.

"Mais un coach peut m'aider à avoir cette réflexion, à mieux me questionner sur ce que je veux vraiment."

Bon, soit. Si vous avez envie de claquer 100 balles pour qu'on vous demande ce que vous voulez, et que vous finissiez par répondre à une question que vous devriez déjà vous poser, libre à vous.

Ici, je vous la pose, cette question. Elle vous aura coûté une dizaine de francs ou d'euros. Peut-être même zéro si vous avez piraté la version digitale du bouquin.

La volonté, maintenant. Aucun externe ne peut vouloir à votre place. Si vous voulez obtenir une promotion, c'est votre décision. Ce n'est pas la volonté de votre coach. Là encore, exit le coach.

Et la discipline ? Petit rappel : la discipline, c'est la raison, les outils et les méthodes qui vous permettent de concrétiser votre motivation et votre volonté. C'est ce qui transforme une envie floue en une action concrète.

Et là, bonne nouvelle, le coach peut avoir son utilité.

Ouf, mon business et ma réputation sont saufs.

Attention toutefois, il y a une subtilité : un coach peut vous *accompagner* dans la discipline. Vous booster, vous mettre la pression, vous rappeler vos objectifs, structurer votre séance de sport ou vous aider à déployer un plan d'action professionnel.

Mais il ne fera jamais le boulot à votre place. Faire preuve de discipline restera votre affaire. Même Mike Tyson ne pourra pas vous faire battre des jambes si vous ne faites pas l'effort de nager dans un bassin.

Et si, en plus, vous n'avez ni la volonté ni la motivation d'atteindre votre objectif, si vous êtes là sans vraiment le vouloir, la discipline sera une punition, et le résultat, un échec cuisant. S'imposer une discipline à soi-même ou se la faire imposer, c'est le jour et la nuit.

Regardez le nombre de personnes qui, après un régime, reprennent tout le poids perdu — voire plus. Elles avaient la motivation intrinsèque de perdre du poids, la volonté de tenir bon, mais leur discipline leur était dictée par un plan alimentaire, un programme d'entraînement, une application comptant chaque calorie avalée.

Dès que ces outils ont disparu (fin du contrat de coaching oblige), les kilos sont revenus au galop.

Pourquoi j'insiste sur ce point ? Parce qu'il est crucial de garder son autonomie. Je le répète pour la énième fois : vous êtes la seule personne à savoir ce que vous voulez et la seule à pouvoir initier un vrai changement.

Vous pouvez être accompagné, conseillé, poussé dans la bonne direction. Mais au bout du compte, tout se joue en vous. Et par vous.

Beaucoup de coachs jouent sur votre niveau d'autonomie et de dépendance. Ils vous rendent accro à leurs services et vous laissent entendre que sans eux, vous n'atteindrez jamais votre objectif.

Là encore, méfiez-vous des coachs aux intentions douteuses, et soyez conscient que la conclusion d'un contrat de coaching, c'est aussi votre responsabilité.

Si vous estimez que votre volonté, votre motivation ou votre discipline dépendent en grande partie d'une tierce personne, il faudra aussi assumer votre échec.

Un bon coach, quel que soit le domaine, devrait viser un seul objectif : vous rendre autonome le plus rapidement possible.

> *Dans mes suivis, je privilégie toujours le court terme. D'abord, parce que ça me permet de garder une porte de sortie si, au bout d'un moment, le client me tape sur le système. Ensuite, parce que si, après quelques mois, il n'est toujours pas autonome, il y a deux options : soit j'ai mal fait mon job donc autant arrêter l'hémorragie au plus vite, soit il n'a pas la volonté, la discipline, ou la motivation (ou les trois) d'amorcer un vrai changement. Et dans ce cas, je ne peux rien pour lui.*

Que ce soit en coaching sportif, en nutrition, en consulting marketing, ou en formation RH, le constat est souvent le même : on vient me voir en m'expliquant qu'*"on sait déjà"* ce qu'il faudrait faire pour perdre du poids, soulever plus lourd, optimiser des campagnes ou améliorer les processus internes.

Les gens savent – ou pensent savoir. Selon eux, le problème, ce n'est pas le manque de connaissances, mais l'incapacité à passer à l'action :

> *"Je sais ce que j'ai à faire, mais je n'y arrive pas. Je manque de motivation, de discipline. Du coup, j'ai pris contact avec toi !"*

Et moi, à ce moment-là, je fuis façon Forrest Gump, jambes à mon cou.

Parce que si le rôle du coach, du mentor ou de l'accompagnant se résume à quasiment appliquer à la place du client, alors je me retire du milieu. Non pas que ce ne soit pas une pratique courante. Je connais des coachs qui écrivent quotidiennement à leurs clients pour les motiver, leur rappeler ce qu'ils doivent faire, les fliquer comme l'œil de Sauron.

Alors pourquoi suis-je réfractaire à cette approche ? Après tout, coacher, encadrer, motiver, ça fait partie du job, non ?

C'est là que ma définition du coaching diffère : un coach doit transmettre un savoir, permettre à la personne de s'approprier les outils et de comprendre comment les adapter à sa propre situation. Son rôle est avant tout éducatif et pédagogique, pas maternel ni policier.

> Prenons l'exemple du suivi en nutrition et de la personne qui, une fois son programme terminé, se retrouve livrée à elle-même et reprend tout le

poids perdu. Clairement, un truc a foiré dans le processus. Un client ne vient pas vers un coach pour devenir nutritionniste — sinon, il irait se former lui-même. Mais si on ne lui explique pas la logique de l'alimentation, les bases d'une nutrition équilibrée et les principes fondamentaux de l'apport énergétique, comment espérer qu'il fasse les bons choix après le suivi ?

Lui balancer un plan alimentaire sans explication, c'est comme lui filer une voiture sans lui apprendre à conduire. Et après, on s'étonne des sorties de route.

Encore une fois, la responsabilité est partagée. Dans un monde idéal, le coach a une éthique, des valeurs solides et met tout en œuvre pour aider son client à atteindre ses objectifs. En gros, il est censé faire son job avec conscience et compétence.

Mais de son côté, le client a aussi un rôle à jouer : il doit se renseigner sur son coach, comprendre son approche et ne jamais appliquer bêtement un conseil sans en saisir la logique.

Si vous suivez des recommandations sans en comprendre l'intérêt, vous êtes tout autant responsable que le coach qui vous les a balancées sans explication.

Développez votre esprit critique. Creusez, questionnez, ne vous contentez pas d'une pseudo-vérité balancée sur Instagram. L'esprit critique se dilue dans le flot d'informations qui nous bombardent en permanence. Ne tombez pas dans le panneau et prenez vos responsabilités.

Du coup, se faire coacher, oui ou non ?

Franchement, pourquoi pas (*bah oui, j'allais pas dire le contraire.*)

Mais faites-le pour les bonnes raisons. Mettez toutes les chances de votre côté pour vous entourer du bon coach. Interrogez-le sur son approche, son parcours, ses certifications. Renseignez-vous auprès de ses clients et faites-vous un jugement fondé sur des faits avant de mettre votre santé entre les mains d'une personne que vous ne connaissez pas.

Mais dans tous les cas, gardez en tête qu'au bout du compte, nous sommes le moteur de nos actions, et que les clés de notre bonheur sont entre nos mains. Avant de chercher des réponses à l'extérieur, commencez par jeter un œil à l'intérieur.

Claustrophobes, s'abstenir. Dans les prochaines lignes, nous allons plonger au plus profond de nos âmes, et slalomer dans les méandres de notre liquide cérébral.

L'attention, ce muscle sous-entraîné

Combien de fois avez-vous relu la même page de ce livre ?

À quoi pensiez-vous, exactement, en lisant sans retenir ne serait-ce que la moitié d'une phrase ? (*@Papa : cette question t'est tout particulièrement adressée.*)

Une notification sonore sur votre téléphone vous a-t-elle extirpé de votre lecture ? Ou bien était-ce simplement un flot de pensées diverses sur votre journée, venu interrompre votre concentration sans même que vous ne vous en soyez rendu compte ?

Quoi qu'il en soit, l'un des super-pouvoirs de l'être humain est malheureusement en voie de disparition.

L'attention.

Cette capacité à focaliser notre corps et notre esprit sur une seule chose et à lui consacrer toutes nos ressources, physiques et mentales. L'attention est étroitement liée à l'appréciation, qui elle-même est intimement connectée aux émotions.

Prenons un exemple simple : la nourriture.

> Représentez-vous votre aliment préféré. J'aurais bien pris l'exemple du chocolat, le pensant universel, mais j'ai récemment rencontré une personne qui m'a assuré détester ça. N'étant toujours pas remise du choc(olat), je vous laisse choisir vous-même le fruit de vos fantasmes culinaires. *Le double jeu de mots, c'est cadeau.*
> Bon, vous l'avez ?
> Bien.
> Maintenant, imaginez deux situations ou, mieux encore, testez-les :
> Dans la première, vous mangez cet aliment en regardant votre série préférée sur Netflix.
> Dans la seconde, vous le dégustez sans distraction, installé dans votre cuisine.
> Vous voyez la différence ? Vous sentez à quel point l'expérience change d'une situation à l'autre ?
> Dans le premier cas, la série que vous regardiez a tellement accaparé votre attention que vous n'avez probablement même pas perçu le goût, la texture ou la couleur de ce que vous mangiez.

> Dans le second, sans distraction, vous étiez pleinement présent. Votre attention était naturellement dirigée vers ce que vous dégustiez. En clair, vous l'avez vraiment apprécié.

Maintenant, transposez cet exemple à n'importe quel moment de votre vie. Pensez à une expérience marquante : un moment qui méritait d'être vécu pleinement.

> Votre enfant a fait ses premiers pas. L'avez-vous réellement observé ? Avez-vous remarqué sa façon de perdre l'équilibre, puis de le retrouver ? Son expression ? Était-il souriant, concentré, anxieux ? Ou bien, par réflexe, avez-vous dégainé votre téléphone pour immortaliser l'instant ? Parce que si c'est le cas, certains détails vous auront peut-être échappé.

Le monde actuel est rempli de paradoxes. Celui-ci en est un qui me déstabilise particulièrement : nous sommes tous en quête d'une attention grandissante, de validation externe, alors que nous devenons de plus en plus incapables d'accorder notre propre attention. Un peu ironique, non ?

Nous ne sommes plus capables de discuter avec quelqu'un sans jeter un œil à notre téléphone en pleine conversation. Le réflexe en arrivant au restaurant ? Poser son téléphone sur la table.

Pourquoi, au juste ?

Par obsession d'un nombre de likes, de messages, de pastilles rouges et de notifications en tous genres que nous recevons au quotidien ?

Et bien sûr, ce n'est jamais suffisant. On en veut toujours plus. Donc le saint Graal que nous recherchons au quotidien, c'est qu'on nous accorde de l'attention. L'effet pervers ? Comme nous recherchons tous la même chose, nous développons des comportements individualistes, égocentrés, où la priorité devient de recevoir plutôt que de donner.

Vous vous rappelez l'exemple de cette personne qui vous demande comment s'est passé votre week-end juste pour pouvoir vous raconter le sien ?

Nous en sommes là. À avoir besoin de raconter nos vies, d'impressionner, d'inspirer, d'influencer, et d'être validé, admiré, voire vénéré. Certains enfants ne rêvent plus de devenir pompier ou vétérinaire, mais influenceur. *Influenceur, un objectif de vie — soupir.*

Pourquoi ces dérives ?

Parce qu'à l'ère des réseaux sociaux, tout est exposé. Le concours de celui qui aura la vie la plus fabuleuse est lancé, et personne ne veut finir dernier.

Je vous l'accorde. Il est difficile de sortir de cet engrenage quand tout est conçu pour nous pousser à réclamer toujours plus d'attention. Et ce faisant, à devenir de plus en plus malheureux.

On pourrait toujours avoir davantage de likes, de followers, de commentaires. Vous avez peut-être entendu parler de ce phénomène scientifiquement démontré : les algorithmes sont conçus pour stimuler notre système de récompense. Chaque interaction, chaque notification déclenche une micro-décharge de dopamine, nous maintenant dans une boucle sans fin.

Si le sujet vous intrigue, je vous encourage vivement à regarder la série *Derrière nos écrans de fumée (The Social Dilemma)*, réalisée par Jeff Orlowski et sortie en 2020 sur Netflix. Elle illustre parfaitement cette problématique et les mécanismes mis en place pour capter notre attention.

Une problématique dont les méfaits commencent heureusement à être exposés publiquement. Une lueur d'espoir, peut-être, vers une prise de conscience collective et une responsabilisation des géants du numérique qui, jusque-là, ont largement exploité ces technologies.

En revanche, n'attendez pas que la solution vous soit apportée par des organismes externes. Rappelez-vous de la cigarette : dans les années 40, les médecins eux-mêmes en faisaient la promotion, vantant même ses supposés bienfaits.

> Une certaine marque en particulier a eu droit à un spot télévisé légendaire[*]. La prochaine fois que vous vous surprendrez à scroller sans but précis, entre une vidéo d'un chat qui joue du xylophone et un tuto improbable pour plier un t-shirt en 0,5 seconde, profitez-en pour regarder cette fameuse pub.

> *Franchement, l'ironie est belle : je vous martèle que les écrans nous abrutissent, et je vous envoie sur Netflix et sur YouTube. On adore la cohérence.*

---

[*] Tapez « publicité médecin cigarette années 40 » sur YouTube ou l'URL suivante : https://www.youtube.com/watch?v=EJM51snVhcs

Aujourd'hui, la prévention et la législation ont fait d'énormes avancées et pourtant, le nombre de fumeurs et de décès liés au tabac reste alarmant.

Le même schéma s'applique à tout un tas d'autres domaines : l'alimentation, l'alcool, les drogues, etc. On *sait* que la nourriture ultra-transformée est positivement corrélée à des risques de maladies et de surpoids. Nous sommes informés, éduqués, sensibilisés aux risques, et pourtant, nous continuons d'être malades et de mourir prématurément.

Pourquoi ?

Parce qu'au final, quand bien même l'être humain est un être social, que l'effet de groupe est bien réel et que nous pouvons nous soutenir mutuellement, tout revient à une question de choix individuel et de volonté. Ça vous rappelle la section précédente ?

Bref, revenons à nos moutons.

Avant de chercher l'attention des autres, concentrez-vous sur la vôtre. Croyez-moi, vous serez les premiers surpris de constater que dès lors que vous faites attention à votre propre attention, vous entrez dans une boucle infinie où l'attention se concentre sur l'attention qui se concentre sur l'attention. Un vortex mental. Une faille spatio-temporelle. Inception, niveau expert.

OK, back to reality.

Mis à part les petits choix du quotidien, ô combien importants, que vous pouvez faire à tout moment, il existe aussi des méthodes et des techniques plus profondes pour tirer pleinement profit d'une attention soignée et chouchoutée.

Être attentif, c'est prendre le temps d'apprécier. Prendre le temps d'apprécier, c'est laisser nos émotions s'exprimer. Et quand nos émotions s'expriment et qu'elles sont orientées vers ce que nous aimons vraiment, nous sommes heureux. Et quand on est heureux, on ne cherche pas à combler de vide. Parce qu'être heureux, c'est justement se sentir comblé. CQFD.

Ce qui nous amène à un autre paradoxe : nous avons tous un potentiel inexploité. On entend souvent dire qu'on n'utiliserait que 10% de notre cerveau (affirmation controversée, mais l'idée est là).

Pourquoi se sent-on capable de courir 20 km un jour, puis, un mois plus tard, d'être vidé au 10e kilomètre ?

N'attendons pas d'atteindre nos limites ou de vivre une expérience difficile pour réaliser deux choses :

> Apprécier ce que l'on avait avant.
> Prendre conscience du potentiel qu'on avait sous la main depuis le début.

Pensons-y en amont. Soyons conscient de notre potentiel. Matérialisons-le. Rendons-le tangible.

Comment ? Eh bien, pratiquons. Parce que focaliser son attention, c'est tout simple.

> Fermez ce livre et observez sa couverture. Pendant une à deux minutes, pas en mode analyse express en une fraction de seconde.
> Quelles sont ses couleurs exactes ? La texture est-elle lisse, rugueuse ? La police d'écriture attire-t-

elle l'œil ou est-elle plutôt sobre ? Prenez le temps de vraiment remarquer ces détails.

Voilà. Vous venez d'expérimenter un exercice tout simple de focalisation et sans même vous en rendre compte, c'était apaisant.

Allons un peu plus loin.

Maintenant ou plus tard, testez la technique du *journaling*, l'équivalent du journal intime. Vous en avez peut-être déjà fait ou le faites même régulièrement. Il s'agit simplement de noter dans un carnet ce qui vous passe par la tête. Faites-le sur du papier, sans distraction numérique.

> Notez vos pensées, vos envies, vos expériences, une recette de cuisine, peu importe. Le contenu en lui-même n'a pas d'importance. L'essentiel, c'est le processus. En écrivant, on se concentre, on se pose, et on oublie le reste. Evidemment, téléphone loin de vous, éteint ou en mode silencieux. On ne veut pas d'interruption.

Cet état d'attention augmentée, cette immersion totale dans l'instant est justement ce que recherchent de nombreuses pratiques visant un état de conscience modifiée. Il existe mille façons d'atteindre cet état et d'en tirer profit et l'objectif, c'est que vous déterminiez celle qui vous convient le mieux.

Vous ne savez pas par où commencer ?

Pas de panique. Je ne vais pas vous laisser sur une note abstraite.

Testons une autre technique, tout aussi simple à réaliser. Elle ne nécessite aucune connaissance préalable et peut se pratiquer n'importe où. Si cet exercice vous parle, vous aurez fait un deuxième pas dans le monde fascinant de la conscientisation, et aurez peut-être une idée plus précise de ce que cela représente.

La deuxième méthode s'appelle *la technique d'association et de dissociation*. Vous la pratiquez au quotidien sans même vous en rendre compte. S'associer, c'est voir le monde à travers ses propres yeux, ressentir pleinement ses émotions, ses sensations, et être immergé dans l'instant. Se dissocier, c'est prendre du recul, s'observer de l'extérieur comme si on se voyait à travers une caméra placée en face, au-dessus ou derrière soi. Peu importe l'angle.

> Prenez un moment au calme, sans distraction.
> Regardez ce qui vous entoure à travers vos propres yeux. Mais cette fois, ne portez pas votre attention sur le monde extérieur. Focalisez-vous sur vos sensations internes. Ressentez-vous de la chaleur, du froid ? Y a-t-il une odeur particulière dans l'air ? Votre respiration est-elle lente, rapide, régulière ? Là, vous vous **associez**. Vous fusionnez plus intensément avec vous-même.
> Maintenant, changez de perspective. Imaginez que vous vous observez en train de faire cet exercice. Vous vous regardez à travers une caméra extérieure, sous l'angle qui vous semble le plus naturel.
> Comment est votre posture ? Votre teint ? Votre expression du visage ? Vos vêtements, votre façon d'être assis ou debout ? Voilà. Vous venez de vous

dissocier. De vous détacher de vos sensations et d'avoir un regard plus objectif sur vous-même.

En réalisant ce simple exercice, vous êtes passé d'un état associé à un état dissocié. Vous venez d'entraîner votre attention comme on entraine un muscle. On contracte, puis on relâche. On associe, puis on dissocie.

Les effets de ce ping-pong mental sont axés autour de la mobilisation de ressources différentes, de l'affinement des cinq sens que l'on rend plus réceptifs et plus efficaces par l'entrainement.

Si ces petits exercices vous ont fait du bien, je vous invite à les refaire aussi souvent que possible. Ces outils, aussi simples soient-ils, peuvent avoir un impact considérable sur votre bien-être mental et physique.

Ils constituent une porte d'entrée vers des techniques plus avancées comme la méditation, la visualisation ou l'autohypnose. Chacune de ces méthodes possède sa propre approche, mais leur objectif reste le même : accéder à un état de conscience modifié et choisi.

Les bénéfices, vous venez de les expérimenter : une sensation de sérénité, un ancrage plus profond dans l'instant, une respiration plus calme, une atténuation des pensées envahissantes.

Ces exercices vous offrent des **résultats immédiats**. Mais pratiqués régulièrement, de manière approfondie, ils permettent d'aller bien au-delà du simple apaisement momentané. De modifier bien plus que votre respiration ou votre rythme cardiaque.

Et c'est fascinant. Le champ des possibles est infini. La création ne connait pas de limite. Aucune. Vous pouvez concevoir, expérimenter, repousser les frontières de ce que vous pensez possible, encore et encore.

Plus vous pratiquez ces méthodes, plus elles deviennent addictives. Chaque séance apporte quelque chose de nouveau, une sensation, une prise de conscience, un déclic. À force d'entraînement, vous serez même capable de les appliquer partout : en extérieur, au travail, en pleine conversation, sans que personne ne le remarque.

> *Personnellement, je pratique l'autohypnose depuis plusieurs années. J'aime son approche pragmatique, son efficacité, et surtout, le fait de pouvoir la pratiquer seule, à mon rythme. Elle m'a apporté des résultats incroyables dans de nombreux domaines et correspond à ma manière de fonctionner et à ce que je recherche.*
> *Si le sujet vous intrigue, un excellent point de départ est* Autohypnose et performance sportive[*] *de Jonathan Bel Legroux. Même si le sport ne vous intéresse pas particulièrement, ce livre propose des techniques applicables à n'importe quel domaine de votre vie.*

En revanche, sans minimiser l'importance des ouvrages et des praticiens spécialisés, l'un des grands avantages de ces méthodes, c'est qu'elles ne

---

[*] Jonathan Bel Legroux, Autohypnose et performance sportive, Amphora, 2018.

nécessitent ni des heures de lecture, ni de longues formations pour être appliquées au quotidien.

Et ça, c'est plutôt une bonne nouvelle parce qu'on sait tous qu'*idéalement*, il faudrait faire sept minutes d'étirements au lever. Mais aussi quatre minutes de journaling. Et manger cinq fruits et légumes par jour. Mais aussi… bref, on s'est compris : appliquer toutes les best practices d'une vie heureuse et épanouie, c'est un peu utopique. Et ce n'est pas grave.

Ne dites juste pas que vous **n'avez** pas le temps de faire quelque chose. Assumez pleinement le fait de ne pas **prendre** le temps pour certaines choses et d'en prioriser d'autres. Il n'y a rien de mal à cela.

Donc si ces méthodes ne sont pas votre priorité quotidienne, pas de stress. Il vous faudra simplement prendre le temps, une fois, d'apprendre trois bases de l'état de conscience modifiée si vous êtes curieux de les tester :

- y entrer,
- y réaliser un travail spécifique,
- en ressortir.

Mais après ça, allez-y au feeling. Vous ne pouvez pas vous tromper ; il n'y a aucune règle figée. Plus vous testez, plus vous progressez. C'est tout.

Et bien sûr, si vous crochez vraiment et que vous voulez aller plus loin, je vous encourage vivement à plonger dans le sujet. Il existe des tonnes d'ouvrages, de formations et de spécialistes qui sauront vous guider et vous permettre d'exploiter en profondeur le potentiel illimité de votre cerveau. Résultats garantis !

Aux frontières du réel

Grâce aux exercices précédents, vous avez passé avec succès le niveau 1 de *Bienvenue dans l'exploration de votre cerveau*. À présent, jeune Padawan, il est temps de passer au niveau supérieur et de vous immerger dans un monde aux frontières du réel. D'exploiter un peu plus encore le pouvoir et les merveilles de votre cerveau.

Le cerveau : un organe absolument fascinant. Un chef-d'œuvre biologique, capable de générer des idées brillantes comme d'oublier pourquoi on est entré dans une pièce trois secondes après avoir passé la porte.

Parmi les nombreuses facettes de notre esprit, la capacité imaginative est une capacité illimitée que nous activons sans même nous en rendre compte.

Ne pensez pas à une pomme.

…

OK. Était-elle rouge ou verte ? Et pourquoi avez-vous pensé à une pomme alors que je vous avais expressément demandé de ne pas le faire ?

Parce que votre cerveau a réagi automatiquement. Et parce qu'il est incapable d'assimiler une négation. Le cerveau se focalise uniquement sur l'action tangible d'une phrase lue ou entendue : *pomme, grossir, fumer*.

Ce que nous percevons a donc un impact direct sur notre réalité. Et tout ce qui touche aux pensées et à l'immatériel est à la fois fascinant et déroutant. Le fait que vous ayez pensé à une pomme contre votre gré est troublant, non ?

Mais plutôt que de voir le verre à moitié vide, voyons-le à moitié plein. Si notre cerveau peut être influencé par des stimuli externes, alors nous pouvons aussi consciemment l'influencer et l'orienter vers ce que nous voulons.

Un exemple concret :

> Avez-vous déjà eu très faim, au point de sentir votre estomac gargouiller, d'avoir une pensée obsessive pour un aliment, et d'imaginer avec délectation le repas que vous alliez manger ?

Deuxième question.

> Ça vous est déjà arrivé de sexter ?

Ne rougissez pas, personne ne vous voit. Et promis, je ne vais pas publier vos réponses sur Instagram.
Donc sexter, oui ou non ?
Ah, pardon, petite parenthèse pour les boomers : *sexter* = s'envoyer des messages à caractère sexuel, dans le but de s'exciter mutuellement. Enfin, sur le principe. Parce que certains ont visiblement mal compris le concept et préfèrent envoyer, sans consentement, des clichés douteux de leur outil en pensant que ça va provoquer une montée de désir chez l'autre. Mais je m'éloigne du sujet.
Alors, quel est le point commun entre imaginer un repas succulent et échanger des messages torrides avec quelqu'un qui vous attire ?

Dans les deux cas, votre cerveau visualise une situation, sans en bénéficier physiquement. Pourtant, *il réagit comme si c'était réel.* Les signaux physiques, chimiques et hormonaux s'activent : sécrétion d'hormones, salivation, sudation, afflux de sang (vous avez deviné quoi va où, inutile de vous faire un dessin).

Et bien sûr, cet effet fonctionne aussi dans un contexte moins réjouissant. Vous avez un examen dans trois mois et, rien qu'en vous imaginant face à votre copie, vous ressentez un nœud à l'estomac. Pourtant, vous êtes sur votre canapé, à regarder *Top Models*. Rien, objectivement, ne devrait vous stresser. Sauf les déboires de Brooke et de Ridge, à la limite.

Notre cerveau possède donc une capacité imaginative illimitée, capable de générer des réactions bien réelles à partir de pures pensées. Du coup, la question est :

On en fait quoi ?

Rappelez-vous d'une chose : tout ce que vous souhaitez est construisible dans votre réalité. Vous pouvez ressentir les bienfaits de n'importe quelle situation rien qu'en l'imaginant et en la visualisant. Alors non, visualiser un compte en banque à six chiffres ne le fera pas apparaître par magie. Du moins, pas tout de suite.

Mais le cerveau déteste l'incohérence. Il cherche constamment l'harmonie. C'est dans sa nature. Donc plus vous passerez de temps à visualiser vos objectifs, plus vous vous en rapprocherez.

Pourquoi ? Parce que même si vous êtes parfaitement capable de chercher des solutions consciemment, n'oubliez pas que votre cerveau travaille aussi en sous-marin. Une immense partie de nos ressources agit en arrière-plan, sans qu'on en ait pleinement conscience.

Expérimentez, créez, exploitez votre potentiel imaginatif. Visualisez cet objectif, cette motivation intrinsèque que vous voulez expérimenter.

La loi de l'attraction, ce n'est pas une théorie farfelue ; c'est un enchaînement d'actions conscientes et inconscientes, fruit de cette recherche obsessionnelle de cohérence initiée par votre précieux cerveau.

Donnez-vous la possibilité de générer les émotions — et les hormones qui vont avec (davantage d'infos sur ce sujet au chapitre 4) — de préférence celles du bonheur, et usez des techniques qui vous y conduiront : visualisation, méditation, autohypnose, etc.

Et surtout, retenez ceci : plus vous développerez votre capacité imaginative, plus vous vous suffirez à vous-même. La plupart des situations qui nous pèsent viennent d'un manque : manque d'amour, de reconnaissance, de validation, d'argent, etc. Mais une fois que vous aurez entraîné votre cerveau à vous mettre dans votre propre bulle, à générer des émotions positives sans dépendre d'un élément extérieur, vous pourrez le faire quand vous voulez, où vous voulez.

Même dans un tram bondé de pendulaires un lundi matin de novembre. Et ce jour-là, vous aurez atteint un niveau d'épanouissement qui ne dépendra plus de ce que les autres auront, ou non, à vous offrir.

Ce qui entrera dans votre vie ne sera plus un besoin vital, mais un *bonus*. Une addition bienvenue à une existence déjà pleinement satisfaisante.

Comme le chantait une icône des années 70, on peut toujours *imaginer* un monde meilleur, non ?

Détachement ou indifférence ?

> Vous traversez une période compliquée au travail. Vous appréciez certains collègues mais en fuiriez volontiers d'autres si s'enfermer dans les toilettes ne déclenchait pas l'intervention des pompiers.
> Dans un cas de figure, que votre collègue préféré ou celui que vous détestez vienne vous parler, cela ne vous fait ni chaud ni froid.
> Dans un autre cas de figure, quand votre collègue insupportable débarque avec une pique gratuite, vous prenez note de l'information et passez votre chemin. Quand votre collègue préféré vient vous chercher pour aller manger, vous avez la banane.

En quoi ces deux situations diffèrent-elles ?

Ces deux situations illustrent la différence entre indifférence et détachement. Dans l'une, vous ne ressentez rien. Plus rien ne vous touche. Vous êtes vidé, blasé, insensible à tout.

On parle d'*indifférence*, d'une absence d'émotions, positives comme négatives. Un état que l'on subit souvent après un choc, un épuisement profond ou une accumulation de blessures. Et à mes yeux, l'état le plus redoutable qui soit. Plus que la douleur, la peine ou la tristesse.

Dans l'autre, vous êtes capable de voir l'attaque de votre collègue pour ce qu'elle est — un comportement toxique qui ne mérite pas votre énergie — et vous passez à autre chose. Tout comme vous êtes pleinement capable d'apprécier la venue d'une personne pour qui vous avez de l'intérêt, voire de l'affection.

On parle ici de *détachement*, cette capacité à ne pas se laisser affecter négativement par une situation, tout en restant pleinement conscient de ce qui se passe, et à laisser vos émotions positives s'exprimer dès que vous en avez l'occasion.

Il est difficile d'ignorer une agression physique, c'est un fait. Mais nous avons le choix de ne pas nous laisser malmener mentalement. Oui, certaines situations sont plus difficiles à gérer que d'autres. Oui, certaines personnes sont difficiles à éviter (la famille, un voisin insupportable, un supérieur hiérarchique).

Mais difficile ne veut pas dire impossible.

Si vous vous convainquez que la situation est une fatalité, alors rien ne changera.

"Je n'ai pas le choix, je dois travailler avec lui."

Peut-être. Mais vous avez le choix de ne plus donner de crédit à ses remarques. Vous avez même le choix de démissionner.

"Ouais mais plus facile à dire..." Chut ! Retour à la page 46, svp. Je vous rappelle qu'on est ici pour travailler sur notre état d'esprit.

Parce que oui, la capacité de se détacher demande de la pratique et de l'entrainement, comme le reste. Un travail qui consiste en premier lieu à s'intéresser à la question de l'estime de soi.

Si vous êtes mal dans votre peau, les mots des autres vous blesseront. Si vous êtes complexé par votre corps, vos vêtements vous mettront mal à l'aise. Autrement dit : tant que vous ne vous sentez pas aligné avec vous-même, vous ne pourrez pas être détaché.

Et pour bosser là-dessus, on va intégrer l'un des leviers les plus puissants à notre disposition : **l'acceptation**.

Oh, ce n'est pas toujours facile à intégrer. Pendant des années, j'ai moi-même été obsédée par l'idée de comprendre. Chercher des explications, traquer la vérité, analyser chaque détail, chaque comportement. Une perte de temps monumentale.

Ça vous parle ?

> Vous avez été viré du jour au lendemain.
> Pas par un manager distant ou antipathique, non.
> Par votre chef direct. Celui qui vous faisait des grands sourires, vous félicitait en réunion, partageait sa vie perso et riait à vos blagues.
> Vous tombez de haut et surtout, vous ne comprenez pas.
> Alors vous cherchez.
> Pourquoi était-il si sympathique ? Pourquoi m'avoir viré de cette façon ?
> Puis un jour, vous finissez par apprendre que la direction voulait faire des coupes, et que c'est lui qui a dû choisir.
> Parfait. Maintenant que vous comprenez, que vous avez une explication rationnelle, tout va mieux, non ?
> Non ?

> Ahhh… maintenant, il vous faut comprendre pourquoi il vous a choisi vous, et pas cette collègue qui bosse à moitié. Pourquoi il ne vous a rien dit. Pourquoi il ne s'est pas battu pour vous.
> Il doit forcément y avoir une explication en béton, non ? Une fois que vous l'aurez, là, vous serez enfin en paix.

Donc on remet son sac à dos, on prend sa lampe frontale, sa boussole, et on repart en quête de l'ultime révélation.

Un vrai Frodon convaincu qu'il va enfin se débarrasser de l'anneau, mais qui se rend compte trop tard qu'il ne fait que foncer plus profondément vers le Mordor. Et contrairement à Frodon, nous n'avons pas toujours la chance d'avoir un Sam Gamegie pour nous porter.

Et devinez quoi ? La recherche de la vérité est un puits sans fonds. Comme la réalité, elle n'existe pas sous une forme universelle. Tout est, encore une fois, une question de perception, et chacun a la sienne.

N'entrez pas dans une boucle infinie. Si vos pensées divergent et qu'elles vous amènent à googler *est-ce que les poissons ont soif ?* alors qu'à la base, vous consultiez votre agenda pour savoir si le rendez-vous chez le dentiste, c'était à 10h ou à 10h30, aucun problème.

Mais quand une quête en amène une autre, qui en amène une autre, qui n'apporte jamais rien au final, aucun apaisement, juste une obsession creuse, mettez votre énergie ailleurs, là où elle vous servira réellement, et lâchez l'affaire.

Maintenant, sortons l'artillerie lourde. Enfin non, la petite artillerie, mais aux grands effets.

Si une situation vous semble insurmontable, essayez une chose : *dites-vous que vous l'acceptez. Formulez vraiment cette phrase. Dans votre tête. Ou à voix haute. Écrivez-la si besoin.*

L'autosuggestion est une arme fatale.

Certaines choses sont ce qu'elles sont. Point. Nous n'avons aucun contrôle sur elles. Ayons l'humilité de reconnaître que tout n'est pas entre nos mains, que nous ne sommes pas assez importants pour avoir le pouvoir de changer les choses.

Et quand on comprend qu'il n'y a rien à comprendre, on déclenche un puissant sentiment de liberté. La pression s'évapore comme par enchantement et on réalise tout d'un coup à quel point on a du temps.

Un temps si précieux, à investir ailleurs que dans une quête de vérité qui ne vous apportera de toute façon aucun résultat.

Toujours pas convaincu ? Vous refusez encore d'accepter ce que vous ne comprenez pas ?

Dommage. Parce que, *breaking news* : vous allez mourir sans avoir compris une multitude de choses.

Et ce n'est pas grave.

L'idée, c'est de mourir heureux.

Pas avec écrit *"Il avait quasi tout compris"* sur l'épitaphe.

Convictions : la preuve n'existe pas

Croyez-vous certaines choses sans pour autant les *comprendre* ?

Eh bien, vous voyez, *quand on veut, on peut*.

Être convaincu de quelque chose découle du fait que nous jugeons une croyance comme vraie **en ce qui nous concerne**. Relisez-bien les mots en gras.

Si j'ai la conviction que sprinter dix fois une minute en montée m'aidera à courir plus rapidement un marathon, c'est que je crois en l'impact de l'entrainement de haute intensité sur ma performance, là où d'autres ne jureront que par l'importance du volume et du nombre de kilomètres avalés.

Les croyances sont une affaire personnelle. Croire est un choix. Si vous croyez en Dieu, c'est que vous avez choisi d'y croire. Même si vous me dites avoir vécu une expérience qui vous a prouvé que Dieu existe et que, par conséquent, vous ne choisissez pas d'y croire mais que c'est une évidence, je vous répondrais que vous avez *choisi* de considérer une situation comme une preuve de son existence.

Là où certains voient une coïncidence, d'autres y voient un signe. Là où vous voyez la loi de Murphy[*] en action, votre voisin n'y verra qu'un simple concours de circonstances.

Qui a tort, qui a raison ? Évidemment, c'est vous qui avez raison. Puisque vous croyez en quelque chose

---

[*] La loi de Murphy exprime l'idée que quand quelque chose tourne mal, cela déclenche une série d'événements qui tourneront mal eux aussi, en réaction à la première situation.

et que vous avez vos propres preuves pour le justifier, celui qui ne partage pas votre vision doit forcément être dans l'erreur, n'est-ce pas ?

Doucement, les gars.

Tout comme il est impossible de ne pas juger car notre cerveau analyse en permanence ce et ceux qui nous entourent, il est impossible de vivre sans croyances ni convictions. Pour certains, ces croyances sont inébranlables, gravées dans le marbre. Pour d'autres, elles sont solides, mais peuvent vaciller. Certaines évoluent avec le temps, d'autres restent figées.

Quoi qu'il en soit, nos croyances et nos convictions nous divisent souvent plus qu'elles ne nous rapprochent. Inutile d'aller chercher bien loin : les religions et les guerres qu'elles ont engendrées à travers l'histoire suffisent à prouver que lorsque deux systèmes de pensée diamétralement opposés s'affrontent, le conflit semble inévitable.

Ou l'est-il vraiment ? En réalité, non. Il le devient uniquement si nous faisons défaut à deux valeurs pourtant fondamentales : **l'humilité** et **la tolérance.**

L'humilité, c'est comprendre qu'à l'échelle humaine, nous ne sommes qu'un individu parmi des milliards, et que notre vision du monde n'est ni plus ni moins valable que celle d'un autre.

La tolérance, c'est accepter que d'autres puissent penser différemment, sans que cela ne remette en question notre propre existence.

Pour s'approprier cette vision et l'appliquer au quotidien, il est essentiel de comprendre une chose fondamentale : la réalité n'existe pas. Du moins, pas sous une forme universelle. Tout est affaire de perception.

Là où un touriste voit la plus belle rue pavée qu'il ait jamais foulée, vous y voyez le chemin monotone qui vous mène à un travail qui ne vous intéresse plus. Là où vous percevez un signe de la présence d'un esprit, votre partenaire y voit un simple problème de circuit électrique avec votre lampe de chevet.

Si les interactions sociales sont importantes pour vous, si vous chérissez le contact avec l'être humain, appliquez la tolérance et l'humilité.

Croyez fermement en vos convictions et défendez-les avec vigueur, **tant que vous les appliquez à vous-même**. Mais ne cherchez pas à les imposer à d'autres. Personne ne détient la science infuse, et vous non plus.

D'ailleurs, nos propres croyances et convictions évoluent avec le temps. On croit au Père Noël, puis on découvre que notre croyance était infondée. Souvent, c'est à travers nos expériences que nous ajustons nos certitudes, façonnant ainsi constamment notre perception de la réalité.

Accepter que chacun ait sa propre réalité et son propre système de croyances ouvre la porte à des discussions passionnantes. À condition, bien sûr, que l'échange soit basé sur la tolérance et l'acceptation de la différence, justement.

> *Je ne crois pas aux flux énergétiques tels que pratiqués dans le chamanisme. L'oracle et le tarot ne me parlent pas du tout. Pourtant, je suis toujours ouverte à en discuter.*

> *Si je me retrouve face à quelqu'un qui m'assène que mon scepticisme est absurde et que c'est évident que ça marche, l'échange risque de s'arrêter là. En revanche, si vous m'expliquez pourquoi vous croyez en une chose, quelle perception vous en avez, ce que vous expérimentez, comment cela se manifeste pour vous, la discussion ne pourra qu'être enrichissante et je me surprendrai peut-être même à changer d'avis sur une croyance donnée.*

Interrogez donc vos propres croyances, adhérez-y pleinement si elles résonnent en vous, mais gardez à l'esprit qu'une croyance n'est pas une vérité universelle. Le simple fait que vous croyiez en quelque chose ne signifie pas que cela existe ou que cela soit vrai pour quelqu'un d'autre.

Et ce n'est pas dramatique.

Pause. Rewind. Replay.

Je sais pas vous, mais moi, j'ai besoin d'un break.

Ou du moins, d'un bon gros récap.

Je vous le disais en introduction : on perd vite le fil de ses pensées et là, des pensées, y en a eu quelques-unes.

Donc si on résume, nous disions que la vie est plus simple quand on est en mouvement, pas vrai ? Vous avez le cerveau en vrac ? Bougez. Laissez votre corps entraîner votre mental. C'est déjà un bon point de départ.

Bien entendu, vous aurez tout à gagner à l'entraîner aussi, ce précieux mental. Et pour ça, pas de miracle : il faut d'abord le vouloir. Le décider. Ça, ça n'appartient qu'à vous.

Mettre en place des plans d'action, se fixer des objectifs, concevoir un projet. Toutes ces choses font partie de vos accomplissements et si vous avez envie de les réaliser, foncez.

Bien entendu, on évolue dans un milieu fait d'échanges, on grandit par nos interactions sociales. Le partage fait partie des plus belles choses de la vie en société alors oui, si vous en ressentez le besoin, faites-vous accompagner par un coach, un vrai, celui qui vous veut du bien et qui est compétent.

Mais attention : un coach, c'est un bonus, pas une béquille. Un plus, une aide supplémentaire, pas une baguette magique. Votre engagement, c'est vous qui le prenez. Votre objectif, c'est vous qui le fixez. Et vous seul.

Donc tant qu'à faire, autant mettre toutes les chances de votre côté pour l'atteindre, cet objectif.

La bonne, la merveilleuse nouvelle ? Vous avez la chance de pouvoir exploiter vos ressources naturelles, celles qui vous sont propres.

Votre attention est là, il suffit de l'orienter au bon endroit. Ralentir. Prendre le temps. Se recentrer. Atteindre cette sensation de calme. C'est tellement satisfaisant.

Et une fois qu'on a expérimenté ce mini-nirvana, on en redemande. On veut creuser, aller un cran plus loin, et c'est là qu'on commence à jouer avec les frontières du réel et de l'imaginaire.

Une frontière invisible, vous l'aurez compris. Avec laquelle vous pouvez vous éclater. Petit à petit, vous développerez un véritable monde intérieur. Vous apprendrez à vous suffire à vous-même.

Et quand on atteint ce stade, on fait le travail ultime de détachement.

Les influences extérieures, qu'il s'agisse de personnes ou de situations, ne deviennent plus que des bonus à une vie déjà pleinement satisfaisante.

Et là, vous risquez de faire flipper les autres. Parce que vous allez dégager un sentiment d'accomplissement, celui qui se matérialise quand on est aligné, qu'on n'attend rien de personne.

Attention quand même : on n'est pas là pour faire du théâtre ou tomber dans des excès de positivisme. On ne vous demande pas de chevaucher des licornes ou de vomir des arcs-en-ciel. Un peu de décence quand même.

Mais oui, tout le monde aimerait être comme ça, dégager ce que vous dégagez quand vous atteignez cet état. Même ceux qui vous regardent bizarrement.

Pourtant, souvent, ça dérange.

Parce qu'être heureux, dans notre société, ce n'est pas la norme.

Et ça, c'est quand même sacrément triste.

Mais on a appris à s'en détacher, pas vrai ?

Finalement, gardons une chose en tête : nous ne sommes pas seuls au monde. Nous évoluons au milieu des autres, et le respect est la base de toute société équilibrée.

Restons sûrs de nous, fidèles à nos valeurs, à nos croyances et à nos convictions. Mais rappelons-nous aussi que nous sommes des poissons dans l'océan.

Nos croyances ne s'appliquent qu'à nous, et elles sont susceptibles d'évoluer.

Humilité et tolérance.

Deux basiques qui simplifient souvent le quotidien.

CHAPITRE 3 :
PRO, MAIS PAS CORPORATE

À la mine !

Le travail joue un grand rôle dans nos vies. On y consacre du temps, de l'énergie et parfois, on y laisse une belle portion de notre identité. Certains savent depuis toujours ce qu'ils veulent faire, d'autres cherchent encore leur voie à cinquante ans, entre deux bilans de compétences et une énième reconversion.

Si j'ai décidé de consacrer un chapitre entier au monde professionnel, ce n'est pas parce que je suis Suisse et qu'ici, le travail, c'est sacré. Ce n'est même pas par passion pour les open spaces, les comptoirs de magasins ou les couloirs d'hôpitaux en pleine nuit.

Non, si j'ai voulu creuser ce sujet, c'est parce que dans ce joyeux milieu que représente le monde du travail, on croise un paquet d'humains. Ce qui amène une dynamique fascinante, ouvrant le champ à des réflexions allant au-delà des considérations purement professionnelles.

Contrairement au supermarché où vous croisez des inconnus que vous oubliez trois secondes après avoir hésité entre deux marques de yogourts, le travail vous impose des relations continues avec des collègues qu'on ne choisit pas.

Résultat ? Des dynamiques parfois géniales, parfois toxiques. Des moments où vous avez l'impression de faire partie d'un projet ultra-motivant, et d'autres où vous souhaitez quitter votre colloque pour ne plus jamais y revenir.

Dans ce chapitre, je commencerai par mentionner quelques principes et réflexions sur certains mécanismes.

On ne parlera pas juste de travail en tant que tel parce que ce qui m'intéresse, ce sont les comportements humains qu'il met en lumière : ambition, hypocrisie, individualisme, egos surdimensionnés. La liste est longue.

Je poursuivrai ensuite avec quelques mots sur mon parcours, entre illusion et réalité. Premières expériences pro, premières désillusions et quelques leçons tirées en chemin.

J'évoquerai aussi la transition vers l'indépendance. Pourquoi faire le grand saut ? Quels sont les avantages et les pièges de l'entrepreneuriat ? Et surtout, est-ce que la liberté est vraiment le Graal ultime ? On parlera brièvement du dilemme fondamental entre sécurité et liberté.

Sans surprise, je vous encouragerai ensuite à vous poser les bonnes questions, à ne pas juste observer, mais à creuser. Qu'est-ce qui vous anime vraiment, dans votre travail, et pas que ? Vous êtes plutôt *objectif* ou *processus* ? D'ailleurs, vous vous êtes déjà attardé sur la relation entre les deux ?

Vous trouverez enfin quelques conseils pratiques pour vous simplifier la vie. Puisque ce livre se veut un tant soit peu utile, vous y trouverez une boîte à outils, deux ou trois recos sur la communication et un petit guide (promis, pas chiant) pour optimiser son temps et rester efficace.

Hypocrisie corporate : décryptage

Souvent, à la trentaine, on commence par définir ce que l'on veut. Mais surtout, ce que l'on ne veut pas, ou plus.

Si l'entrepreneuriat m'est apparu comme la consécration de mon besoin viscéral de liberté, il découle aussi d'un autre besoin, tout aussi viscéral : celui de m'éloigner d'un tas de nuisances vécues, et non approuvées.

Individualisme, égocentrisme, nombrilisme. Trois termes qui résument tristement le siècle dans lequel nous vivons. J'en ai déjà parlé, mais dans le monde du travail, j'ai trouvé qu'ils atteignaient leur paroxysme.

Quand vous sortez des études, brandissant fièrement votre diplôme, vous commencez à postuler avec l'enthousiasme de l'étudiante prête à découvrir le monde. Et vous atterrissez dans une organisation parmi d'autres où ça parle *lunch*, *reminder*, interface *user-friendly,* le tout avec un accent à couper au couteau.

> *Je sais, il y a d'ailleurs un peu trop d'anglais dans ce bouquin, conséquence d'une vie professionnelle antérieure. Je m'excuse auprès de Jess et d'Anne, mais aussi des autres lecteurs victimes collatérales de mon franglais qui pourraient s'en agacer : je me soigne, mais la rechute est fréquente.*

On fait des *business trips*, on va à des cocktails dînatoires, on prend l'avion, on dort dans des hôtels chics. En gros, je suis impressionnée. Fascinée. Et là, j'ai une conviction : je vais faire carrière et ce sera ça, ma vie. Bah ouais, à la vingtaine, ça fait rêver. Parfois même dans la soixantaine.

De toute façon, j'ai toujours été ambitieuse, je ne veux pas d'enfants, bref, j'ai tout pour grimper les échelons. Manager ou même CEO, qui sait ? J'y serais peut-être arrivée. Par mes compétences, ou pour remplir les quotas (merci les stats, ça simplifie des carrières). *Les féministes outrées, vous pouvez déposer votre réclamation à l'accueil.*

Là, je suis dans l'illusion totale. Mais ça, je ne le sais pas encore. Non pas parce que je ne m'en suis pas donné les moyens, mais parce que je n'avais pas encore vu l'envers du décor. Celui qui viendrait se heurter à mon éthique et mes principes inébranlables.

Business life, Acte II.

Arrivent donc les premiers questionnements. Les petites remises en question, l'air de rien, quand on voit, par exemple, les montants dépensés pour une soirée et qu'on met cette même somme en relation avec ce qu'en Croatie — mon deuxième pays d'origine — on met une vie à cotiser. À la sueur de son front.

On découvre le monde du paraître, de l'hypocrisie et des faux-semblants. On le vit une fois, deux fois, vingt fois. Dans une, deux, trois entreprises. On se fait des éloges, puis on se poignarde dans le dos. Le tout, toujours avec le sourire. Bah oui, ça fait plus joli sur les photos du souper de Noël qu'on mettra sur le compte Instagram de l'entreprise.

Je réalise peu à peu que le courage, ce n'est plus une vertu livrée de série à la naissance. Seuls quelques rares spécimens en sont encore dotés et ce constat, il devient difficile à avaler.

En plus, ces gens-là, on les catalogue vite comme des perturbateurs. Ils dérangent. Je dérange.

On commence à me dire — pardon, à me *reprocher* — que j'ai du caractère. Un caractère fort, une tendance bélier (rien à voir avec l'astrologie). Que certaines choses, même si elles sont véridiques, ne se disent pas. Que ce qui importe, c'est la forme, pas le fond. *En toute logique, vous pouvez donc dire à votre patron que c'est un tablard, mais faites-le en alexandrins. Ça passe mieux.*

Difficile d'expliquer aux gens que ce n'est pas une question de caractère. Quand certains principes, certaines valeurs, vous les ressentez de façon viscérale, ça dépasse l'action consciente. On appelle ça l'éthique, mais ça aussi, visiblement, c'est en voie d'extinction.

Donc non, on ne me fera pas dire qu'une page blanche est noire, ou inversement. Ni que j'ai commis une erreur professionnelle si cela est faux. Tout comme on ne me fera pas déformer des chiffres si 1 +1 = pas CHF 500 000.- de bénéfices. Je suis nulle en maths, mais quand même.

Je commence, en parallèle, à saturer des discours hypocrites. De ce collègue du département voisin qui rêve de cracher dans le café du directeur, puis qui, l'instant d'après, s'extasie sur *"la culture d'entreprise exceptionnelle"* en sa présence.

Et c'est là que j'ai enfin compris.

Que j'ai eu *la* révélation : en fait, on ne travaille pas avec des personnes, mais avec des égos. Des égos surdimensionnés, pour la plupart.

Ce genre d'égo qui vous cale un script à apprendre par cœur mais à réciter avec fluidité devant une audience, parce que oui, la blague super spontanée sur les résultats commerciaux embellis de quelques zéros, ça passera crème.

Ou ce genre d'égo qui vous menace d'un licenciement parce que vous refusez de signer un document pour obtenir des financements qui ne sont pas dus à l'entreprise.

Sans parler du partenaire d'affaires haut placé qui vous fait des avances quelques heures après que vous les ayez rencontrés, lui et sa charmante épouse.

Je n'ai pas vingt ans de carrière derrière moi, mais j'ai eu assez d'expériences pour voir un schéma se répéter. Différentes entreprises, différents contextes, mêmes dérives. Une majorité de comportements inappropriés, de faux-semblants et d'hypocrisie.

C'était mieux avant ?

Je n'en sais rien.

Les générations précédentes ont plus de bouteille et pourront mieux se positionner sur la question.

Moi, tout ce que je sais, c'est que *j'aime pas comme c'est maintenant*.

Sécurité ou liberté ?

Épuisée par ces constats, je me suis dit que devenir indépendante et avoir plus de liberté quant au choix de mes partenaires professionnels, c'était une piste à creuser. Ce n'est pas la seule raison qui m'a poussée à délaisser le monde du salariat, mais ça y a contribué. Fortement.

Durant ces années d'expérience professionnelle, j'avais fait pas mal d'introspection et m'étais posé la question de savoir quels étaient, au final, les sentiments et les émotions qui m'importaient le plus et que je pourrais transposer dans ma vie professionnelle.

Pas besoin de chercher très loin, la réponse était claire : la liberté est le sentiment dominant que je recherche au quotidien. Naturellement, elle peut prendre différentes formes, et puisque la vie professionnelle occupe une place majeure dans l'existence de la plupart d'entre nous, j'avais besoin de me sentir libre dans mon activité.

Si vous discutez avec des indépendants, beaucoup vous diront la même chose. Le sentiment de liberté, le fait d'être maître de ses choix est souvent le moteur principal qui les a poussés à se lancer.

D'ailleurs, arrêtons-nous deux secondes sur le terme lui-même. *Indépendant*. Tout est dit, pas vrai ?

> *Pour ceux qui n'en peuvent plus de mes références linguistiques, sachez que celle-ci était la dernière — je le sais, parce que j'ai déjà lu la fin du bouquin.*

Mais comme toujours, je ne prône pas l'indépendance comme une vérité universelle. Ce n'est pas la voie à suivre, c'est *une* voie. Tout est une question de choix, d'envies propres et de personnalité.

Plusieurs personnes m'ont confié que pour elles, la sécurité était un sentiment dominant. Sécurité familiale, amicale, sentimentale, professionnelle.

Savoir qu'un revenu tombe chaque mois est un facteur essentiel pour certaines personnes, et c'est totalement compréhensible. Dans ce cas, une activité salariée fait beaucoup plus de sens.

Alors, salarié ou indépendant ? La vraie question n'est pas là. Il ne s'agit pas de savoir quelle option est la meilleure de façon universelle, mais plutôt quelle option est la meilleure pour soi.

Quelles sont vos priorités ? La stabilité ou l'autonomie ? Paniquez-vous à l'idée de ne pas savoir combien vous allez gagner dans six mois, ou est-ce que c'est justement ce qui vous stimule ?

Il n'y a pas de bonne ou de mauvaise réponse, seulement des choix en accord avec soi-même, et une bonne dose de réalisme sur une notion essentielle : la distinction entre objectif et processus.

Man vs. wild, objectif vs. processus

Petit retour en arrière sur la section dédiée à la motivation. Vous vous souvenez de l'importance de définir de vrais objectifs, ceux qui vous font vibrer le matin, qui vous obsèdent, qui déclenchent une émotion intense rien qu'en y pensant ?

Maintenant que vous savez où vous voulez aller, posez-vous une autre question essentielle : *comment* y arriver ? Quel est le processus qui vous mènera à cette réalisation ? Car on oublie souvent une chose : atteindre un objectif, c'est éphémère.

> C'est l'été, 35 degrés à Séville, la fournaise. Votre meilleur ami tient absolument à photographier une statue avant de s'arrêter. Vous, votre seule obsession, c'est un Coca glacé sur une terrasse ombragée. Après une heure d'errance sous le soleil, vous finissez par vous asseoir et commander votre élixir de survie.
>
> Les trois premières gorgées sont une révélation. Le nirvana. L'extase. Puis, le plaisir passe. Le reste du Coca ? Vous l'appréciez, bien sûr, mais il n'a rien de comparable avec les premières gorgées.

Atteindre un objectif, c'est exactement ça. L'accomplissement procure quelques secondes d'euphorie, puis l'intensité retombe. Comme après un but marqué par votre équipe préférée. Comme après des vacances extraordinaires qui laissent un sentiment de vide une fois rentré.

Et que fait-on alors ? On se précipite sur un nouvel objectif, un autre voyage, une nouvelle course, un autre projet. On devient accro à la quête du prochain accomplissement, à cet instant d'extase fugace. Et ça, ça peut faire de sacrés dégâts.

C'est un peu comme si vous étiez lâché dans la jungle avec un objectif précis : rejoindre un point donné sur la carte, coûte que coûte. À la *Man vs. Wild*, vous êtes focus sur votre arrivée, persuadé que la délivrance est au bout du chemin.

Mais ce que Bear Grylls vous apprend, c'est que la survie ne dépend pas du drapeau final. Elle dépend de la manière dont vous avancez, des ressources que vous trouvez en route, de votre capacité à vous adapter.

Le vrai enjeu n'est pas de cocher la case du but atteint, mais de maîtriser l'art du chemin qui y mène.

Parce que si seul l'objectif compte, que faites-vous du 99 % du temps passé à y travailler ? Toutes ces heures investies, tous ces efforts fournis, juste pour quelques secondes d'euphorie ?

C'est là qu'intervient le processus. L'objectif ne doit pas être le centre de tout. Ce qui importe, c'est le chemin, les apprentissages, la progression, et surtout, le plaisir que vous en tirez. Les émotions que vous vivrez en cours de route, pas seulement à l'arrivée, pour quelques instants.

Lorsque j'ai décidé de me lancer en tant qu'indépendante, j'ai fait comme tout entrepreneur en herbe :

- lu des livres,
- écouté des podcasts,
- échangé avec des dizaines de personnes.

Les mots-clés qui revenaient sans cesse ? Challenge, risque, obstacles.

Tout le monde vous dit que ça va prendre du temps, que ce sera difficile. *"Mais vas-y, t'es faite pour ça !"*

Merci pour le pep talk. Ce que vous retenez, dans ces moments-là, c'est que le processus n'est pas des plus réjouissants, et qu'il sera relativement long. Si je partais avec cet état d'esprit, j'aurais été droit dans le mur.

Parce qu'être indépendant, qu'est-ce que cela signifie réellement ?

- Est-ce le jour où vous recevez votre statut officiel d'indépendant ? Non.
- Est-ce lorsque vous décrochez votre premier client ? Pas encore.
- Est-ce quand votre entreprise devient rentable ? Même là, vous visez plus loin.

J'ai donc décidé de profiter pleinement du processus, et de me concentrer sur toutes les petites étapes que je m'étais fixées pour me lancer à mon compte.

Non, passer des heures à visionner des tutos sur YouTube pour apprendre à faire du montage vidéo, c'était pas toujours fun.

Mais réaliser certaines capsules vidéos, retourner mon salon et me marrer en voyant la tête de mes potes quand ils me rendaient visite et se demandaient pourquoi la table du salon était à l'envers et mon ordinateur dans l'évier, ça laisse de bons souvenirs.

Et j'essaie au quotidien de profiter de chaque étape, de chaque découverte parce qu'être indépendant, pour moi, c'est ça. Du mouvement perpétuel, des hauts et des bas, mais surtout, un processus continuel, qui se vit pleinement.

L'échec n'existe pas, l'expérience oui.

Un article publié sur le site de la Confédération helvétique* évoque un phénomène intéressant : aux États-Unis, échouer est une fierté. Faire faillite

---

* Rico Baldegger, "En Suisse, l'entrepreneuriat reste perçu comme un choix de carrière très audacieux", KMU.admin.ch, Secrétariat d'État à l'économie (SECO), 2022.

plusieurs fois est presque un rite de passage. Pourquoi ? Parce que chaque échec est une brique de plus dans l'expérience.

Vu d'Europe, cette vision peut sembler déroutante. Ici, on redoute l'échec, on l'associe à un point final. Parce qu'encore une fois, on ne voit que l'objectif, que le résultat, pas le processus.

Mais posez-vous la question :

Vous devez fermer votre entreprise après deux ans, faute de rentabilité. Échec total ? Pas du tout. Votre aventure a duré deux ans, pas les vingt minutes qu'il vous aura fallu pour désactiver un site internet et changer un statut LinkedIn. Vous en ressortez transformé.

Vous vous étiez fixé un objectif de course à vélo en moins de quatre heures et vous la terminez en quatre heures quinze. Échec ? Non. Les mois d'entraînement n'ont pas disparu, votre cœur s'est renforcé, votre mental s'est forgé, votre corps a progressé.

Tout est une question de perspective. Profitez du processus et de tous les enseignements que vous tirez en chemin. Ils sont précieux et vous définissent.

À vous, les managers, chefs d'équipes et autres dirigeants : vous fixez des objectifs à vos collaborateurs, certes, mais pensez-vous à ce qu'ils impliquent ? Matérialisez-vous le processus, le cheminement, les étapes à franchir et ce que tout cela entraine ?

Pensez aux répercussions, aux implications sur le quotidien de vos équipes. Vos collaborateurs trouvent-ils un sens aux réunions fixées, sont-ils intégrés dans les processus d'optimisation, participent-ils activement à la mise en place des objectifs que vous avez fixés pour l'entreprise ?

À vous, les collaborateurs : vous parlez de votre travail comme d'un *job alimentaire* ? Vous travaillez 42h (ou 35, pour les Français) par semaine pour pouvoir vous payer des vacances aux Maldives ?

Vous passez donc 5 semaines par année (pour le travailleur moyen, pas pour les profs et leur dizaine de semaines de vacances annuelles) — à vivre des émotions super positives, admettons — versus 47 semaines à ruminer au sujet de vos conditions de travail et à les subir ? C'est pas super équilibré comme ratio, non ?

"Ouais, mais il faut bien payer ses factures à la fin du mois."

Oui, c'est à peu près la même règle pour tout le monde. Sauf que certains paient leurs factures grâce à de l'argent gagné au détriment de leur santé, alors que d'autres prennent du plaisir dans leur travail.

Elle est là, la différence.

Un objectif est dans le futur alors que nous vivons dans le présent. Par définition, l'objectif n'existe pas encore. Vous ne l'atteindrez peut-être jamais. Alors autant apprendre à apprécier l'instant, le chemin, les petites victoires quotidiennes.

Le temps passe vite. Si vous n'apprenez pas à apprécier le voyage, vous passerez votre vie à courir après une ligne d'arrivée qui recule sans cesse.

L'objectif est un prétexte.

Le plaisir est dans le présent.

Communication : vous montrez, nous voyons

Passons maintenant à la deuxième partie de ce chapitre, celle qui plonge dans les rouages de la vie professionnelle. On a déjà parlé du détachement. Si vous voulez avancer, il va falloir en faire une priorité.

Vous voulez vous lancer, demander une promotion, défendre un projet ? Oubliez le regard des autres. Il y aura toujours un sceptique pour vous dire que ça ne marchera pas, toujours un rageux prêt à disséquer chacun de vos faits et gestes. Vous laissez atteindre, c'est ralentir votre ascension.

Mais détachement ne veut pas dire ignorer tout en bloc. Il s'agit d'apprendre à trier. Acceptez les critiques constructives, gardez l'humilité d'en tirer des leçons, et savourez les encouragements.

Et surtout, si vous vous respectez assez pour ne laisser entrer que ce qui vous fait avancer, respectez-vous aussi en fournissant un travail de qualité. On respecte ce qui entre dans notre cercle, et ce qui en sort. Ça s'appelle la communication.

Votre communication joue un rôle clé. Ce que vous dites, comment vous le dites, ce que vous montrez ou ne montrez pas, tout cela construit votre image.

Votre manière de communiquer expose votre réalité et, que cela vous plaise ou non, les autres vont se l'approprier. Alors autant leur donner les bonnes cartes.

Votre communication est verbale, écrite, non-verbale. Un silence est un message. Un regard en dit parfois plus qu'un long discours. Croisez les bras et fixez quelqu'un en silence pendant dix secondes en pleine conversation, vous verrez bien.

Quand vous parlez de votre activité, vous le faites de deux manières :

- directement, en vous adressant à une personne précise (e-mail, appel, rendez-vous).
- indirectement, en développant votre visibilité via vos réseaux sociaux, votre site, vos contenus.

L'un ne fonctionne pas sans l'autre. Mais je n'ai pas envie de faire un énième cours sur la communication. Vous trouverez mille publications à ce sujet sur les réseaux, mille recommandations sur comment dynamiser votre message.

Ici, j'aborde un sujet qu'on n'ose plus trop évoquer, et qui ne concerne pas seulement les entrepreneurs, ni même la sphère professionnelle. Même si, en 2025, la polémique naît d'un rien, le sujet est pourtant essentiel.

Parlons d'apparence.

On peut tourner autour du pot, brandir l'argument du *l'apparence, c'est subjectif* ou *l'apparence, c'est superficiel*, mais la réalité est là : l'image que l'on renvoie influence la perception que les autres ont de nous.

Première recommandation, donc : **prenez soin de vous.**

> *Je me rappelle d'un cours de Ressources Humaines à l'université où, chaque semaine, nous devions lire des articles en complément des cours en présentiel. L'un d'eux, un chapitre extrait d'un livre, m'avait*

> *particulièrement marquée et s'intitulait :* Vie professionnelle : l'inavouable vérité*.
> *Cet article, qui date d'une vingtaine d'années, abordait un sujet aussi tabou que réaliste : l'importance du physique dans le monde du travail. Sujet glissant en 2025, beaucoup moins dans les années 2000.*
> *On ne parle pas ici de beauté à proprement parlé, mais de la façon dont on se présente. Une personne souriante et avenante inspire immédiatement la sympathie, là où une posture fermée crée une distance.*

C'est évident, et pourtant, combien de fois avez-vous vu un orateur compétent être plombé par un ton froid, un regard fuyant, une attitude passive ?

> Soignez donc votre tenue, votre posture, ou simplement votre façon de vous présenter. Cela en dit déjà long sur vous et oriente vos destinataires sur la réception qu'ils feront de votre message.
> Posez-vous ces questions : quels sont vos points forts en communication ? Vos faiblesses ? Avez-vous déjà eu des remarques sur votre posture, votre manière de parler, votre langage corporel ?

Parce que communiquer, ce n'est pas juste transmettre une information, c'est choisir l'impact que vous voulez créer.

Les mots ont un pouvoir immense. Le cerveau ne comprend pas la négation, vous vous souvenez ? Dites

---

* Jean-François Amadieu, *Le Poids des apparences : Beauté, amour et gloire*, Odile Jacob, 2002, chap. 5.

à un enfant *"Ne tombe pas"*, il entend *"tombe"*. En communication, c'est pareil : vos mots orientent la perception des autres.

Un exercice de communication — mais surtout de perception — que j'aime beaucoup, c'est ce que j'appelle *l'exercice des grands-parents*.

> *Quand j'ai quitté mon job salarié pour me lancer, mes grands-parents n'étaient pas très sereins. Dans leur tête, ça voulait dire galérer dans un studio minuscule en comptant mes patates en fin de mois. Aujourd'hui encore, chaque vendredi midi, lors de notre traditionnelle fondue fromage, ils me demandent :*
> *— Alors, ton travail, ça marche ?*
> *— Oui, top ! En ce moment, j'écris un livre sur Pac-Man !*
> *Euh non, ça, j'ai pas précisé. Parce qu'ils n'ont pas la réf. #GénérationAnnées40*
> *Au tout début, j'avais envie de tout raconter, le bon comme le mauvais. Mais j'ai vite décidé de ne leur parler que du positif, histoire de pas leur donner trop de souci.*
> *Si j'avais envoyé vingt propositions de collaboration et qu'une seule avait répondu favorablement, c'est de ça que je leur parlais. J'avais un peu l'impression de lisser la réalité, mais en fait, je me suis rendu compte que je me conditionnais surtout à voir le verre à moitié plein.*

Ce n'est pas de l'auto-illusion, c'est un choix d'attention. Quand on met le focus sur ce qui fonctionne, on garde l'élan. Il ne s'agit pas de nier les difficultés. Vous devez être lucide, ajuster votre stratégie. Mais si vous ne voyez que ce qui ne va pas, vous perdez votre énergie et votre motivation.

Orientez votre regard sur ce qui avance.

Et si ce ne sont pas vos grands-parents que vous voulez rassurer, pensez à quelqu'un de votre entourage à qui vous avez l'habitude de raconter en priorité ce qui fonctionne.

Quand vous communiquez avec vos clients ou simplement avec votre entourage, adoptez la même approche. Votre énergie influence votre message, et votre message influence la perception qu'ils auront de vous.

Inspirez-vous de ces gens qui entrent dans une pièce et captent instantanément l'attention, sans même essayer. Ma sœur en fait partie. Ultra dynamique, solaire, sociable à un niveau olympique, elle peut se faire des amis en trois minutes chrono, peu importe où elle se trouve.

Pourquoi ? Parce qu'elle est capable de vous embarquer avec elle, de vous transmettre un peu de son dynamisme et de sa belle énergie. Discutez avec elle et vous comprendrez.

Pas des plus extravertis ? OK, alors restez discret, mais dites ce que vous avez à dire avec un sourire. Ça passe toujours mieux.

Un, deux, trois, cheeeeeese.

Guide pratique pour bosser mieux, pas plus

Je ne pouvais pas terminer ce chapitre sans un petit guide pratique en 10 points. Parce que oui, nous aimons tous les listes bien nettes qui nous donnent l'illusion qu'il suffit de les appliquer pour que notre vie devienne un modèle d'organisation.

Ces conseils sont orientés boulot, mais honnêtement, vous pouvez les adapter à n'importe quel projet : trier vos mails, votre armoire, ou votre vie amoureuse (le dernier risque d'être plus compliqué, mais c'est jouable).

1. Commencez par ce que vous préférez le moins

La tâche la plus pénible est souvent celle qu'on repousse jusqu'à ce qu'elle nous hante à 3h du matin. Pourtant, l'attaquer en premier, c'est comme arracher un pansement : ça pique sur le moment, mais après, c'est fini.

Bonus : vous passez le reste de votre journée avec l'impression d'être une machine ultra-performante. Tout est une question de déclic, comme dit plus tôt.

2. Travaillez sur une thématique à la fois

Sauter d'une tâche à l'autre, c'est le meilleur moyen de finir la journée avec 12 onglets ouverts et zéro tâche réellement terminée. Si vous montez une vidéo, ne vous dispersez pas à répondre à vos mails entre deux coupes. Un seul focus à la fois — que vous soyez un homme ou une femme d'ailleurs. Parce que personne n'est réellement multitâche.

3. Suivez votre flux d'inspiration

On a tous un moment-clé de productivité : pour certains, c'est tôt le matin, café à la main. Pour d'autres, c'est à 22h après 3h de procrastination active.

Identifiez quand vous carburez le mieux et réservez ce créneau aux tâches qui demandent de la réflexion. Le reste ? À faire quand vous êtes en mode pilote automatique.

Naturellement, si vous avez des horaires fixes, c'est plus compliqué de suivre le flux naturel s'il apparait en dehors de ces heures. Mais pour ce qui est de la vie perso, ça marche.

4. Le time-blocking

Un anglicisme pour faire référence au fait de se bloquer des créneaux précis pour chaque tâche, à traiter comme des rendez-vous super importants. Pas question de caler un rendez-vous en plein milieu.

On répond *"Désolé, je suis occupé"*, même si l'occupation en question est de remplir ce fichu questionnaire de satisfaction qu'on traîne depuis une semaine.

5. Fixez-vous des délais, même pour les tâches non urgentes

Sans délai, une tâche peut traîner en longueur. Fixez une échéance avant qu'elle ne devienne une urgence. Principe simple, mais efficace : fait vaut mieux que parfait.

6. Apprenez à dire non
Tout accepter, c'est s'assurer de finir sous l'eau avec un léger goût d'épuisement mental. Filtrez les sollicitations comme si votre énergie était une ressource non renouvelable. Ça rejoint l'idée de se bloquer des créneaux dans l'agenda.

7. Éliminez les distractions
Les notifications ? Coupez-les. Les *juste un petit coup d'œil sur Insta* ? Oubliez. Les collègues qui viennent vous raconter leur week-end ? Un casque avec de la musique, les yeux plissés en mode *je suis extrêmement concentré, me dérange pas* et c'est plié.

8. Automatisez et déléguez dès que possible
Pourquoi perdre du temps sur des tâches qu'on peut automatiser, déléguer ? Si une tâche est répétitive, il existe probablement un moyen pour la gérer. Exploitez les avantages des technologies modernes puisque toutes ne sont pas néfastes.

9. Finissez ce que vous commencez
Multiplier les tâches inachevées, c'est à la fois stressant, inefficace et frustrant. Un projet = une finalisation. Votre cerveau vous en remerciera.

10. Prenez des pauses stratégiques

Vous n'êtes pas un cyborg. Se vider la tête régulièrement améliore la concentration. Alors bougez, prenez l'air, étirez-vous, allez boire un café. Ce n'est pas du temps perdu. Votre productivité en sera augmentée.

Fin des recos.

Vous avez désormais un mini plan de bataille pour mieux gérer votre temps. Appliquez ce qui vous parle, ignorez ce qui ne vous convient pas, et surtout, faites au mieux sans culpabiliser.

L'organisation parfaite n'existe pas. On n'est pas des machines. Parfois, malgré toute la bonne volonté du monde, on finit par procrastiner en regardant des vidéos d'écureuils ninja. Et c'est OK. De temps en temps.

Gagner en efficacité, c'est bien. Mais ça ne veut rien dire si, en parallèle, vous vous oubliez complètement. Travailler mieux, ce n'est pas seulement optimiser son emploi du temps ou gérer ses priorités. C'est aussi avoir la capacité de durer.

Rangez les dicos. Pour une fois, on laisse tomber la linguistique.

Ici, ce qui compte, c'est ce que **vous**, vous mettez derrière le mot **santé**.

CHAPITRE 4 : SANTÉ

Connais-toi toi-même… et tu sauras qui tu es

La santé, c'est une affaire très personnelle. Chacun a sa propre définition de ce qu'être en bonne santé signifie. Pour certains, c'est grimper un escalier sans suffoquer. Pour d'autres, c'est pouvoir courir un marathon. Certains se fient à leurs bilans sanguins, d'autres à leur niveau d'énergie quotidienne.

Rien n'est juste ou faux. Ce qui compte, c'est de savoir ce que vous considérez comme un indicateur de santé et de pouvoir évaluer si, selon vos critères, vous êtes en forme.

Pour moi, parler santé revient à parler passion. C'est un domaine qui me fascine au quotidien, raison pour laquelle j'en ai fait le cœur de ma deuxième société, *Summit Ambition*.

Petite mise au point toutefois : ici, on parle de santé dans son aspect général, de bien-être quotidien et de comment être en forme sur le long terme. Je ne suis pas médecin et ne m'aventurerai pas sur les sentiers glissants des maladies, blessures ou troubles médicaux spécifiques. Pour ça, il existe des spécialistes et des bouquins bien plus qualifiés que moi.

Ici, on abordera la santé comme une notion qui repose sur trois piliers : la santé mentale, la nutrition et l'activité physique. Pour vous, la santé représente peut-être un de ces piliers, ou deux, ou vous en considérez peut-être un quatrième, voire un cinquième.

Quoiqu'il en soit, l'équilibre entre ces trois piliers me permet d'être en pleine forme, d'avoir une énergie débordante et de me sentir bien dans mes baskets. C'est pour cela que je leur consacre un chapitre dédié.

La santé se cultive au quotidien, à chaque instant. Elle englobe tant d'aspects que sans une bonne compréhension de ses mécanismes, il devient difficile d'agir efficacement sur elle.

Mais au-delà des mécanismes plutôt objectifs qui agissent sur ses piliers, le meilleur moyen de rester en bonne santé est avant tout de se connaitre soi-même.

Si vous avez eu du mal, dans l'un des exercices précédents, à identifier ce qui vous anime, à mettre le doigt sur ces émotions qui vous font vibrer, c'est peut-être parce que vous ne vous connaissez pas encore assez, justement. Il en va de même pour la santé.

En général, on sait, dans les grandes lignes, ce qui nous fait du bien ou non :

- Certains aliments passent crème alors que d'autres nous clouent au canapé
- Quand nous fournissons un effort relativement intense, nous sommes d'abord essoufflés avant de sentir nos muscles brûler, ou inversement
- Certaines routines nous donnent un boost immédiat d'énergie alors que d'autres semblent nous résister

Certains fonctionnements tels que décrits ci-dessus nous orientent dans le choix de nos aliments et de nos façons de bouger. D'autres sont plus subtils à déceler et en appellent à nos schémas mentaux, ceux qui jouent un rôle essentiel dans notre santé psychique.

On pense notamment à notre façon d'apprendre, de fonctionner, de créer. Si vous pensez pouvoir apporter des réponses à des questions encore ouvertes, n'hésitez pas à piocher dans des questions toutes simples qui vous impactent au quotidien :

- Apprenez-vous plutôt en regardant, en visualisant des images, des couleurs, des schémas ? Ou est-ce que c'est en entendant les choses, en les récitant à voix haute, que vous les retenez mieux ? Mémoire visuelle ou auditive, qu'est-ce qui domine chez vous ?
- Vous êtes du genre à planifier vos semaines au millimètre, agenda calé sur six mois, tout sous contrôle ? Ou au contraire, vous laissez de la place à l'imprévu, au feeling, en fonction des opportunités qui se présentent ?
- Est-ce que vous avez besoin de bouger, d'être en mouvement pour brainstormer et créer ? Ou vous préférez le calme, l'immobilité, une ambiance posée pour structurer vos idées ?

On aime bien compliquer les choses avec des tests de personnalité et des classifications en tout genre. Mais la réalité c'est que se connaître, c'est avant tout une question d'expérience et d'honnêteté avec soi-même.

> Observez-vous. Regardez ce qui revient souvent dans les discussions avec les autres. Quelles qualités et quels défauts vous attribue-t-on le plus souvent ? Êtes-vous d'accord avec ça ? Ou y a-t-il

une dissonance entre ce que vous ressentez et l'image que les autres ont de vous ?

En vous posant ces quelques questions, mais aussi en prenant note de vos réactions, psychiques ou physiques, au quotidien, vous acquérez de précieuses connaissances sur vous-même, essentielles au rétablissement, au maintien ou à l'optimisation d'une santé de fer.

Santé mentale

Un esprit sain dans un corps sain, ça vous parle ? On le rabâche depuis des années et pourtant, certains continuent de séparer physique et mental comme si c'était deux entités indépendantes. Un classique de la médecine occidentale, notamment.

Vous pouvez avoir un bilan sanguin impeccable, une condition physique au top, et pourtant être malheureux, stressé, épuisé mentalement. Êtes-vous alors en bonne santé ? Selon ma définition, non.

La santé mentale, c'est tout ce qui touche à vos pensées, vos émotions, votre bien-être intérieur. Elle est influencée par vous-même — vos croyances, vos peurs, vos schémas de pensée — et par les autres, ceux qui vous entourent et leur impact sur vous.

Prenons deux cas de figure :

- Le facteur interne, traduit par exemple par un manque de confiance en soi. Un manque qui peut venir de remarques extérieures, bien que souvent, il découle d'un dialogue intérieur

tournant en boucle. Ce que vous vous dites de vous-même.
- Le facteur externe : quelqu'un vous harcèle, vous critique en permanence. Vous n'avez pas posé de barrière, et ce que cette personne dit s'infiltre dans votre mental et se répand comme un virus.

Dans les deux cas, votre santé mentale est impactée. Et dans les deux cas, il y a une solution : se forger un mental en acier trempé. Un mental qui sait stopper net les pensées autodestructrices et celles qu'on essaie de vous imposer.

Nos pensées sont des petits tyrans. Selon certaines études, on en aurait environ 70 000 par jour. La mauvaise nouvelle c'est qu'environ 80 % de ces pensées seraient négatives, et 90 % seraient les mêmes que la veille.

En gros, on tourne en boucle, parfois avec un disque bien rayé. Mais ça ne veut pas dire qu'on ne peut pas détourner le système.

La clé ? Orienter, remplacer et créer ses pensées. Vous avez déjà plusieurs outils à votre disposition dans le chapitre 2, je ne vais donc pas vous assommer avec du réchauffé. Mais si vous avez oublié, allez jeter un œil : ces exercices ne sont pas juste des concepts cools à noter dans un carnet et oublier aussitôt. Ils s'appliquent à des situations très concrètes.

L'illustration par l'exemple.
Pensez à votre collègue infernal. Celui qui se pointe à 9h, prend une pause XXL à midi, repart à 16h et vous

laisse crouler sous une tonne de boulot. En prime, il vous regarde de haut et lâche un magnifique :
"Moi, en dehors de mes heures de travail, j'existe pas."

Et vous ? Vous êtes du genre bonne pâte. Toujours prêt à rendre service, à absorber la charge des autres. On ne vous dit jamais merci. Au travail comme dans votre vie perso, vous êtes celui qui se plie en quatre, qui aide tout le monde et qui ne reçoit rien en retour.

Résultat ? Vous sacrifiez vos pauses, dormez mal, ruminez. À la maison, c'est la même histoire. Vous courez partout, mais jamais pour vous. Et ça vous pèse.

Ce genre de stress attaque votre santé mentale sous deux angles :

Objectivement : trop de boulot, un collègue toxique, un manque de reconnaissance, un abus de votre gentillesse.

Subjectivement : vous vous sentez dépassé, dévalorisé, et pas du tout pris en considération.

Diagnostiquer le problème, c'est déjà 50 % de la solution.

Avant d'agir ou de chercher à agir, il est indispensable d'identifier ce qui bloque. *Connais-toi toi-même.* Vous ne pouvez pas résoudre un problème si vous ne savez pas où il se situe.

Dans cet exemple, les problèmes sont nombreux :

- Vous êtes trop gentil et dites oui à tout.
- Votre collègue est un tire-au-flanc à tendance égocentrique.
- Vous souffrez d'un manque de reconnaissance.
- Vous ne vous mettez jamais en priorité.

Ok. Et maintenant ?

Nous en avons parlé précédemment : formuler ses pensées en négatif, c'est la pire stratégie. Dire *"Je ne veux plus être trop gentil"* revient à dire à votre cerveau de ne retenir que *"gentil"*.

Autre piège classique : se dire qu'on va juste *ignorer* son collègue toxique. Ça ne marche pas. Pourquoi ? Parce qu'on ne remplace pas une pensée pesante par du néant. On la remplace par une autre pensée, constructive.

On rembobine, et on reprogramme.

Reprenons donc notre exemple et remettons les compteurs à zéro via une reprogrammation mentale digne de ce nom.

- Trop gentil, trop serviable ? OK. Mais pourquoi dites-vous oui à tout ? Pour être validé par les autres ? Si oui, on se rappelle que la validation extérieure est un puits sans fond. On remplace donc par *se suffire à soi-même*.
- Un collègue toxique ? Peut-on le changer ? Non. Peut-on *s'en détacher* ? Oui. Son travail n'est pas votre problème. Point.
- Manque de reconnaissance ? Là aussi, *détachement*. Si vous donnez par attente d'un merci, vous êtes déjà perdant. Donnez quand ça vous fait plaisir, et stoppez net ce qui vous use.
- Vous vous oubliez en permanence ? Remettez-vous en priorité. *Vos besoins, vos envies* passent en premier. On les visualise, on les matérialise, et on les concrétise.

Donc oui, notre santé mentale est impactée à la fois par nous-mêmes et par les autres. Les solutions, elles, ne dépendent que de nous. Tout repose sur notre capacité à exprimer et réaliser nos besoins, et à poser des barrières claires.

Si notre équilibre mental vacille, c'est souvent parce qu'on fonctionne avec des programmes bien ancrés, installés depuis des années, voire depuis la naissance. Des schémas inconscients qui tournent en boucle.

Le défi ? Les déconstruire et en reconstruire de nouveaux.

C'est tout l'enjeu du travail mental. Parfois, ça demande des heures d'effort, de pratique, de répétition, voire un accompagnement extérieur.

Mais le mécanisme reste le même :

- l'entraînement régulier crée de nouvelles habitudes ;
- les habitudes façonnent de nouveaux mécanismes ;
- les mécanismes finissent par devenir des automatismes.

Et c'est ça, le but ultime : vous reprogrammer pour que votre cerveau tourne sur les bons logiciels, ceux qui vous mènent là où vous voulez aller, vers les émotions que vous voulez vivre.

Soigner sa santé mentale, c'est d'abord comprendre ce qui la compose. Identifier ce qui nous affecte, en bien et en mal, et réfléchir aux ressources que l'on souhaite mettre à contribution pour orienter ses pensées dans la bonne direction.

En procédant de façon méthodique et logique, les solutions apparaitront d'elles-mêmes. Familiarisez-vous avec les outils proposés ici, ou découvrez-en de nouveaux. À force d'explorer, vous gagnerez en maitrise et en cette fameuse connaissance de vous-même.

Et vous vous laisserez surprendre par votre propre capacité à aller mieux, ou à aller bien, tout simplement.

Activité physique

Pourquoi tout le monde matraque que l'activité physique est bénéfique non seulement pour la santé physique mais aussi pour la santé mentale ?

Parce que c'est scientifiquement prouvé.

Après une séance de natation, de course à pied, de vélo, ou même après une simple marche, votre cerveau libère des endorphines, ces fameuses hormones du bonheur.

"Oui mais moi, j'aime pas courir."
Alors ne courez pas. Mais bougez.

> *Durant l'un de mes cours de préparation physique, le prof nous demande : "Qui, parmi vous, court régulièrement sur sa pause de midi ou après le boulot ?" Toute fière, je lève la main, comme deux-trois autres étudiants dans la classe.*
>
> *Sourire posé du prof, regard tranquille, mais l'assurance d'un sniper sur son perchoir. On a vite compris qu'on allait se faire dégommer : "OK, vous*

> êtes des *runners*, félicitations à vous. Mais si vous passez votre journée assis derrière un bureau et que vous pensez compenser votre inactivité par une session d'une heure de course à pied, vous vous mettez le doigt dans l'œil."
> *Prof : 1, étudiants : 0.*

Donc quoi, maintenant ? Courir une heure trois fois par semaine, on va nous dire que c'est pas bon ?

Bon, l'explication n'est pas aussi tranchée que ça, heureusement.

La clé, c'est le **mouvement régulier**. Se lever plusieurs fois par jour de sa chaise plutôt que de se donner bonne conscience avec un run de 10 km à midi, c'est ça qu'on veut. Parce que notre corps est fait pour bouger. Souvent. Très souvent.

Plus vous bougez, mieux vous vous portez. Donc pour les allergiques au mot *sport*, rassurez-vous : sport et activité physique, ça ne veut pas dire la même chose.

Faire 10 000 pas par jour ou 10km de course à pied ? OK, c'est un bon indicateur. Mais ne les faites pas en une seule sortie, histoire de cocher la case et de vous affaler ensuite sur votre canapé. Mieux vaut faire 5 fois 2 000 pas tout au long de la journée.

Comment ? En prenant les escaliers, en marchant jusqu'au supermarché, en allant parler à votre collègue d'en face plutôt que de lui envoyer un message sur Teams (non mais sérieux !).

Faites du mouvement régulier une priorité. La première. Posez-vous cette simple question : **comment**

puis-je augmenter ma mobilité au quotidien ? Parce que oui, chaque mouvement compte.

Bouger, check. Et maintenant ?

Donc s'assurer de bouger régulièrement, c'est l'étape numéro 1.

Mais minute, papillon. À mes théories sur le sport, vous n'allez pas y échapper pour autant. Parce que si vous en avez marre d'entendre qu'*il faut faire du sport*, vous feriez mieux de sauter à la section suivante parce que moi aussi, je vais le répéter : *faites du sport, bon sang !*

Ne me brandissez pas l'exemple que je viens de vous expliquer sur la course à pied, parce qu'il est incomplet. L'exemple dit que la mobilité régulière, c'est essentiel pour la santé, mais la pratique d'un sport **par-dessus** des habitudes saines de mouvement régulier, c'est l'objectif ultime.

Si vous vous cachez derrière l'excuse *"le sport, c'est pas fait pour moi"*, désolée d'arracher le plaid sous lequel vous vous cachez, mais il va falloir m'expliquer pourquoi certains seraient *faits* pour le sport, et d'autres non.

On ne parle ni de décrocher une médaille aux Jeux olympiques, ni de se lancer dans un Ironman, ni de soulever des haltères de 100 kg. On parle de faire du sport et dans le sport, il n'y a pas *de* sport, il y a *des* sports. Alors ne me dites pas que parmi la multitude de disciplines qui existent, vous ne trouvez pas basket à votre pied.

Quel sens donner à son sport ?

En revanche, la question du sport ne s'articule pas forcément autour des modalités de la pratique, mais plutôt autour des raisons d'en pratiquer.

Bien sûr, on a tous en tête une liste interminable de bénéfices scientifiques, expliquant comment le sport améliore notre santé physique et mentale, comment il prévient les maladies cardiovasculaires, booste notre moral et nous transforme en machines à performer.

Mais puisqu'on nous martèle ces messages depuis l'école primaire et qu'une majorité restent réfractaires à la pratique, où est le problème ?

Comme pour toute décision dans votre vie, revenons aux bases. Pour quelle raison pratiquer un sport ?

Prenons 3 cas de figure, les plus fréquents :

- Aucune. *"Le sport, ça ne m'intéresse pas, donc j'en fais pas."*
- Facteurs externes : médecin, famille, pression sociale, bilan sanguin inquiétant, etc.
- Facteurs internes : goût pour la discipline, les sensations, objectif de tonification, sentiment d'accomplissement, etc.

Le sport : aucun intérêt.

Si le sport ne vous intéresse pas, que vous n'associez aucun objectif à sa pratique, alors n'en faites pas. Tout simplement. Là où on ne perçoit pas de plus-value, on ne fait pas. C'est plutôt logique.

Je vous conseille cependant de ne pas écarter trop vite un sujet sous prétexte qu'il ne vous intéresse pas, sans l'avoir d'abord exploré. On ne dit pas *"j'aime pas"* avant d'avoir goûté. Ça vaut autant pour les choux de Bruxelles que pour le sport.

Peu importe le corps que vous avez, vous êtes fait pour le mouvement. Donc avant de condamner définitivement le sport aux oubliettes, essayez-en plusieurs. Et si vraiment, aucune discipline ne vous procure la moindre sensation, classez le sport aux archives. Mais pas avant.

Le sport, oui, parce que j'ai la trouille.

Si vous pratiquez un sport en réponse à des facteurs externes, votre objectif n'est pas pleinement aligné avec votre motivation. Quand votre médecin vous annonce, sur un ton grave, que vos artères sont tellement encombrées que vous pourriez avoir une attaque en vous rendant au frigo, il y a de fortes chances pour que vous filiez chez Decathlon en sortant de son cabinet.

Mais dans cette situation, votre objectif est éphémère. Il est lié à un instant précis de votre vie, à une *réaction* face à une alerte. Vous cherchez une solution à un problème. Et ce genre d'objectif ne tient jamais longtemps.

Parce qu'on en revient encore une fois à la formulation négative de nos envies : *"Je ne veux pas mourir. Je ne veux pas être gros."* Mais ne pas vouloir quelque chose n'est pas une motivation viable.

> Votre médecin vous a promis une mort rapide si vous ne changez rien. OK. Donc vous songez à vous mettre au sport. Pourquoi ne voulez-vous pas mourir ?

> — *Parce que je suis trop jeune.*
> Mouais. Il n'y a pas d'âge pour mourir.
> — *OK, alors parce que j'ai envie de faire encore plein de choses.*
> Quelles choses ?
> — *Profiter de ma retraite, voir grandir mes enfants, mes petits-enfants. Voyager. Faire un jardin potager.*

Là, on commence à parler. Si votre motivation, c'est d'être capable de jouer avec vos petits-enfants en pouvant tenir le rythme, vous avez de grandes chances de parvenir à votre objectif. Davantage que si vous avez lu dans une brochure de la salle d'attente de votre médecin que l'inactivité augmente vos chances de mourir précocement.

Le sport, oui, pour me sentir accepté.

Vous voulez perdre du poids ? D'accord. Mais pourquoi ?

"Pour faire plaisir à mon partenaire. Lui plaire davantage."

OK, donc vous allez suer pendant des mois, investir des heures d'efforts dans quelque chose sans aucune garantie d'atteindre votre objectif ? Parce que rappelez-vous que vous n'avez aucune certitude que ça changera quoi que ce soit dans le regard de votre partenaire. Sa réalité n'est pas la vôtre.

Et si on se force à sortir de chez soi, à se confronter au regard des autres, à transpirer et à sentir ses muscles brûler pour faire plaisir à quelqu'un d'autre que nous-même, les risques d'exploser en route et de tout abandonner sont très élevés.

Le sport, oui, pour performer.

Une autre source de motivation qui conduit souvent au crash à notre époque, c'est la course aux objectifs.

Tout est devenu un challenge, une performance à prouver, une médaille à collectionner. On ne court plus pour soi, mais pour être vu. On ne grimpe plus une montagne par passion, mais parce que l'influenceur du moment l'a fait et que ça pourrait générer quelques likes.

Si cinquante personnes vous complimentent sur votre progression, vous attendrez le 51e compliment. Et puis le 52e. Et puis encore un de plus. Vous ne serez jamais satisfait et n'obtiendrez jamais la précieuse validation après laquelle vous courez, au sens propre comme au figuré.

Comment expliquer que tant d'athlètes de haut niveau sombrent une fois leur carrière terminée ? Perdent la forme ? Traversent des phases de dépression, souffrent de troubles alimentaires ou de déséquilibres hormonaux sévères ?

On nous dit que le sport, c'est bon pour la santé. Mais alors, faut savoir.

Bien sûr, les réponses aux questions ci-dessus sont multifactorielles. Mais parmi les réponses fréquemment données, la notion macro de l'objectif et de la motivation revient encore une fois.

Si l'athlète pratique son sport en quête de validation externe, par pression sociale depuis l'enfance, ou par absence d'autres sources de motivation dans sa vie, il y a de fortes chances qu'il expérimente de réelles difficultés, soit quand tout s'arrête, soit quand les résultats ne sont pas au rendez-vous.

> *Dans ma pratique de sportive amatrice, j'ai connu les mauvais et les bons objectifs.*
> *Parmi les mauvais, j'ai souvent voulu prouver quelque chose. Aux autres, et à moi-même. Que j'étais capable de courir un format donné. Dans un temps donné. Résultat ? Je n'ai quasiment jamais atteint mes objectifs, me suis blessée, ai cumulé des échecs et mon estime de moi en a pris un coup.*
> *Puis, j'ai gentiment réévalué mes objectifs et j'en ai fixés de nouveaux. Des vrais. Ceux qui me motivent réellement. Grimper des sommets avec des copines, juste pour le plaisir. Découvrir des paysages incroyables en parcourant des kilomètres en montagne. Partager des moments inoubliables avec des personnes qui vibrent pour les mêmes raisons que moi. Bref, ressentir les émotions qui embellissent le quotidien, tout simplement.*

C'est là toute la différence.

On reprend son crayon, et on refait le même exercice.
Pas certain que votre objectif soit aligné avec votre motivation ? Posez-vous cette question toute bête :
Si j'étais seul au monde, qu'aucun être humain n'existait plus sur terre, quel serait l'objectif de ma pratique sportive ?
En vous posant cette question toute simple, vous vous recentrez sur ce que vous voulez réellement. Le regard des autres n'existant plus, vous pouvez facilement identifier votre véritable objectif.

S'il est esthétique, qu'il en soit ainsi. Il n'y a rien de mal à vouloir un corps sculpté si c'est ce dont vous avez envie. Si votre rêve est de devenir plus fort, plus rapide, plus endurant, devenez-le.

Mais faites-le pour vous. Pas parce qu'on vous a fait peur, pas parce que quelqu'un vous a imposé un standard, pas parce que c'est la tendance du moment. Pas parce que vous êtes athlète de haut niveau et que vous devez prouver à votre fan's club que c'est vous, le meilleur.

Soyez sûr que votre objectif, vous voulez vraiment l'atteindre. Parce que du moment que vous le fixez, on en revient au mécanisme *motivation — discipline — volonté* présenté au chapitre 2. Un mécanisme qui ne fonctionne que si les bases sont solidement posées.

Pourquoi autant de gens abandonnent le 15 janvier les belles résolutions prises le 31 décembre, seulement deux semaines auparavant ?

En général, soit parce qu'ils n'ont pas réfléchi au fameux processus qui les conduirait à l'objectif (oui, aller à la salle de fitness 3x/semaine quand on part de zéro, ça implique de revoir son emploi du temps et de bien gérer la charge pour éviter les blessures, donc c'est pas toujours très réaliste), soit parce que la motivation derrière l'objectif fixé n'était pas la bonne, pas suffisante.

Et parfois, c'est les deux.

Processus et motivation. Attardez-vous sur ces deux notions quand vous pensez sport. Elles sont essentielles.

Le sport est une véritable école de vie. Un entrainement à l'image de la vie elle-même. Il est riche en échanges, humains et sociaux, nous fait grandir, nous apprend la résilience et fait du bien à la fois à notre corps et à notre esprit.

Entre ceux qui prétendent que le succès ne s'obtient que dans la douleur, le sacrifice et la sueur, et ceux qui insistent sur l'importance de s'écouter et de ne jamais forcer, j'ai un penchant certain pour la transpi.

> *Un jour, je prenais mon shoot de motivation quotidienne avec un de ces podcasts américains qui vous donnent envie de participer au lancement d'une fusée et de gravir l'Everest à mains nues, quand une phrase a particulièrement retenu mon attention :*
> ***"Do what is hard in life and your life will be easy*."***
> *"Faites ce qui est dur dans la vie et votre vie sera facile."*

Avoir un déclic, se confronter à ses faiblesses et ses défauts, reconnaître ses erreurs, sa flemme, son manque d'engagement. Rien de tout ça n'est agréable. C'est difficile, frustrant, et parfois même carrément douloureux. Mais c'est aussi là que se cache la vraie transformation.

Parce qu'au fond, tout est une question de seuil. Un certain niveau d'inconfort, et puis, le déclic. Le moment où l'effort devient une habitude, où la discipline remplace la contrainte, et où vous commencez à récolter les fruits de votre engagement. C'est là que la vraie liberté commence.

---

* Citation de Les Brown, entendue dans l'épisode Do What Is Hard, Your Life Will Be Easy du podcast Weekly Motivation animé par Ben Lionel Scott, publié sur Spotify le 21 décembre 2019.

Le sport est l'un des meilleurs terrains d'entraînement pour cela. Courir sous la pluie quand on préférerait rester sous la couette. Finir une séance alors que tout nous donne envie d'abandonner. Se prouver, encore et encore, qu'on peut aller plus loin que ce qu'on croyait possible. Et un jour, on réalise que cette discipline acquise dans l'effort se répercute sur tout le reste : nos projets, nos ambitions, nos décisions.

Et c'est là que la boucle se boucle. Parce qu'en prenant l'habitude de faire ce qui est dur, on se rend compte qu'on s'épargne une tonne de galères inutiles. On arrête de remettre à demain. On n'a plus à rattraper en panique ce qu'on aurait dû faire depuis des semaines. On ne subit plus, on choisit.

Bref, on fait ce qui est dur, et la vie devient plus facile.

Du coup, ces baskets, vous les enfilez ? Ou vous préférez passer à table, c'est-à-dire au chapitre suivant ?

Nutrition

Ce livre n'a pas pour but d'être un guide nutritionnel. La nutrition est un sujet vaste auquel on pourrait consacrer un ouvrage à part entière. L'objectif ici est de vous sensibiliser à son importance et de vous aider à faire des choix éclairés, en toute simplicité et en suivant quelques principes que vous jugerez logiques. Du moins, je l'espère.

Sous-estimer l'importance de notre alimentation quand on sait que c'est quelque chose que nous faisons tous les jours, ça ne fait pas de sens.

L'alimentation joue un rôle central dans notre bien-être, et ça ne devrait même plus être à prouver. *On ne met pas du diesel dans un moteur à essence — ni même du Diesel B10 dans n'importe quel véhicule Diesel, si ça peut servir à certains.* Le même principe s'applique à votre corps.

Il est de notoriété publique que l'alimentation joue un grand rôle dans l'apparition de maladies. Excès de sucre, produits transformés, pesticides. On sait que l'alimentation industrielle fait des ravages.

En parallèle, Internet regorge d'articles prônant tout et son contraire. Un régime vous assure que le gras est votre allié, un autre vous dit de l'éliminer totalement. On vous répète que le pain fait grossir et que le gluten est l'ennemi public numéro un.

Alors comment s'en sortir face à ce flux d'informations ?

Si vous n'avez pas la réponse, c'est que vous n'avez pas été suffisamment attentif aux sections précédentes, car cette question, on y a déjà répondu : **on développe son esprit critique, sa capacité d'analyse**.

Les mauvais élèves retourneront jeter un œil à la section sur le coaching au chapitre 2, où je vous enjoins à ne pas croire tout ce que vous lisez sous prétexte que des milliers de personnes ont liké une publication.

Si vous vous sentez dépassé par la quantité d'informations contradictoires à laquelle vous êtes confronté, recentrez-vous et posez-vous une question essentielle : ai-je compris la logique de ce qu'on m'explique ? Est-ce que ça fait sens pour moi ?

> *On m'a rapporté l'exemple d'une personne à qui une nutritionniste avait conseillé de manger 1 200 kcal par jour, d'éliminer totalement les glucides et de ne consommer que des lipides et des protéines.*
>
> *Ces 1 200 kcal sont une recommandation prônée par la nutritionniste en question qui s'appliquerait à tout le monde et qui constitue le fondement d'un programme qui se vend apparemment comme des petits pains (sans gluten, probablement). Que vous soyez une armoire à glace d'1m80 pour 80 kg ou que vous fassiez 1m50 pour moins de 50 kg (hello !), on vous explique que la norme, c'est 1 200 kcal.*

Cette recommandation est simplement absurde.

Ne pas avoir de connaissances en nutrition, ce n'est pas un problème. Chacun son domaine d'expertise. Ce qui pose problème, en revanche, c'est d'accepter n'importe quelle pseudo-vérité sans en comprendre la logique.

Comprendre les bases des concepts présentés dans cet exemple, à savoir ce qu'est une calorie et ce que cela représente pour le corps, ce que sont les lipides et les protéines et en quoi ils sont importants pour l'organisme, c'est la base, quand on nous préconise un régime spécifique.

Même si oui, dans l'idéal, on fait confiance aux experts. Mais dans la vraie vie, tout le monde n'est pas digne de confiance. Certains cherchent juste à vendre un programme miracle, d'autres sont persuadés d'avoir raison alors qu'ils ne maîtrisent pas leur sujet.

Il va donc falloir exercer votre esprit critique et décider à qui vous accordez votre confiance. Histoire d'éviter de tomber dans le panneau, comme ça m'est arrivé à plusieurs reprises.

> *Je ne connais strictement rien en finance ni en assurances. Deuxième pilier, troisième pilier. Moi, quand on me parle de piliers, je pense soit au Panthéon, soit aux trois piliers de la santé. Mais visiblement, en finance, ça a un tout autre sens. Fonds de placement, investissements… juste de vagues — et mauvais — souvenirs de mes cours d'économie.*
>
> *Pour les assurances, c'est pareil : LAMal*, complémentaires, pour moi c'étaient juste des factures à payer. Alors, j'ai fait comme tout le monde : j'ai accepté un rendez-vous avec un conseiller en assurance. Un ou deux, quand j'étais encore aux études. Et j'ai signé. Là, en bas de la page, sans rien comprendre ni aux explications bancales, ni aux packages que j'achetais.*
>
> *Grossière erreur.* **Mon** *erreur.*
>
> *Le jour où on vous refuse une facture de physio sous prétexte qu'elle ne rentre pas dans une obscure clause en police de caractère 8, vous devenez soudain expert en assurances. Voire en droit. Mais c'est trop tard. Une clause est une clause, et vous avez signé.*
>
> *Bref, c'était ma faute. Je n'avais pas cherché à comprendre ce à quoi je consentais. Ces sujets m'ennuyaient profondément et ne m'avaient jamais intéressée. Je n'avais donc jamais pris le temps de creuser le sujet, me disant que j'étais entre les*

---

* La LAMal est la loi fédérale suisse régissant le système d'assurance-maladie.

> *mains d'un expert et qu'après tout, c'était aussi ça, la vie : déléguer là où on n'est pas compétent.*
>
> *Sauf que, comme je me suis plantée quelques fois et que j'ai accordé ma confiance sans réfléchir, j'ai fini par changer de stratégie et j'ai décidé qu'à la prochaine occasion, je réfléchirais à deux fois avant de signer un truc que je n'aurais pas compris.*
>
> *Un jour, je rencontre celui qui deviendrait mon meilleur ami, même si à ce moment-là, je ne le savais pas. Lorsque j'ai rencontré François et qu'il m'a dit travailler dans la finance, je ne l'ai pas loupé. Malgré mes piques sur sa soi-disant éthique et son amour des commissions, il ne s'est pas démonté et m'a patiemment expliqué, concrètement et avec des mots que je comprenais, les principes de base de la finance.*
>
> *J'ai posé des questions, beaucoup de questions, et ai compris, dans les grandes lignes, comment mes 200 CHF versés chaque mois dans une banque de Zürich allaient être utilisés. Et surtout, comment ils allaient se transformer comme par magie (ou par placement) en un chiffre très intéressant dans les années qui suivraient.*

Les professionnels, les experts et les spécialistes ont leur part de responsabilité dans ce qu'ils vous vendent ou vous conseillent. Cette responsabilité est en partie liée au contrat qui vous lie, mais aussi et surtout, à leur sens éthique et à leur système de valeurs.

Mais au final, ce n'est ni leur santé, ni leur compte en banque qui est en jeu, mais le vôtre. Alors avant de suivre aveuglément les conseils d'un expert, prenez le temps de vous renseigner. Quel est son parcours ? Possède-t-il des diplômes ? Des témoignages clients authentiques ? A-t-il des bases solides ou vend-il simplement sa propre méthode, basée sur son expérience personnelle ?

Non, on n'a jamais de garantie dans la vie et tout le monde peut se tromper. Parfois, on tombe même de haut. Mais quand on s'assure de collecter de l'information, de réfléchir et de comprendre les raisonnements logiques sur des aspects très concrets tels que la finance ou la nutrition, on met plus de chance de notre côté de conclure le bon partenariat.

À présent, poursuivons la discussion en prenant pour origine quatre notions largement répandues dans le monde de la nutrition. L'idée n'est pas vraiment de s'attarder sur la notion en elle-même, mais plutôt d'ouvrir la réflexion sur les moyens à votre disposition pour vous positionner sur un sujet quand bien même vous n'en n'auriez aucune connaissance préalable.

Les calories

La calorie est souvent le point de départ des théories sur la nutrition. En gros (sans mauvais jeu de mot), c'est l'unité qui mesure l'énergie contenue dans un aliment. Tant de calories = tant d'énergie.

Mais réduire la nutrition à une simple addition de calories, c'est un raccourci. On entend souvent que pour perdre ou prendre du poids, il suffit d'être en déficit ou en surplus calorique par rapport à ce que notre corps brûle au quotidien. Je vous le dis déjà : c'est faux.

Admettons donc que, selon un calculateur en ligne ou un spécialiste en nutrition, vous deviez manger 2 000 kcal par jour.

2 000 kcal, ça représente :

- 9kg d'épinards frais, ou
- 3 paquets de chips standards, ou
- un peu plus d'1kg de pâtes cuites.

Ces 3 exemples vous fourniront chacun environ 2 000 kcal.

Peut-on dire que seules les calories comptent ? Que consommer ces 3 types d'aliments, selon vos préférences, donnera le même résultat dans les 3 cas ? Vous fera perdre ou prendre le même nombre de kilos ?

Essayez d'avaler 9 kg d'épinards et on en reparle.

Donc à ceux qui prêchent que seul le nombre de calories fait la différence, il est peut-être temps de prendre un peu de recul. Car non, la calorie n'est pas l'unique critère à considérer. La qualité des aliments et leur densité nutritionnelle comptent tout autant.

Si ces quelques lignes vous ont permis de mieux visualiser ce que représentent 2 000 kcal, alors vous avez déjà une base solide pour évaluer le bien-fondé de n'importe quel programme nutritionnel. Pas besoin d'être expert en nutrition pour comprendre des exemples concrets.

L'important, c'est d'être en mesure de poser les bonnes questions. Que ce soit auprès d'un professionnel ou en menant vos propres recherches, assurez-vous de comprendre les fondamentaux avant d'adhérer à une méthode. Parce qu'au fond, plus vous maîtrisez les bases, moins on pourra vous vendre n'importe quoi.

L'obsession des protéines.
> *Tu veux prendre de la masse ? Mange des prot'.*
> *Tu veux maigrir ? Mange des prot'.*
> *Tu veux avoir une haleine de chacal ? Mange des prot'.*

Ahhh, les protéines... On nous les sert à toutes les sauces. Enfin non, parce que dans les sauces, il y a surtout du gras, pas trop de prot'.

Les régimes hyperprotéinés sont à la mode, comme tant d'autres. À la base, ces croyances reposent sur un fondement réel : les protéines jouent un rôle clé dans la réparation, le maintien et la construction des tissus musculaires. Elles contribuent aussi à la satiété et régulent l'appétit. D'où cette idée largement répandue que pour perdre du poids et prendre du muscle, il faut manger des protéines. Beaucoup de protéines. Sauf que, comme pour tout, ce n'est pas parce qu'un élément est bénéfique qu'il faut en abuser.

> Passé un certain seuil de protéines, le corps sature. Même les plus gros bodybuilders ne peuvent pas avaler des quantités infinies de protéines, et les principes généraux restent les mêmes, que vous pesiez 40 ou 140 kg.
> Le corps assimile mieux les protéines quand elles sont réparties sur plusieurs repas, par tranches d'environ 20 à 30g, plutôt qu'avalées en une seule fois. Pourtant, combien se ruent sur des shakers

> ultraconcentrés en pensant optimiser leur apport ? Sans parler du fait que les poudres à la mode sont souvent truffées de composants douteux et d'additifs qui n'apportent rien de bon.
>
> En plus, leur forme liquide ne convient pas forcément à tout le monde : la mastication joue un rôle essentiel dans le sentiment de satiété. Avaler 40g de protéines sous forme liquide, ce n'est pas du tout la même chose que les consommer via un vrai repas. Pour certains, ça revient presque à boire de l'air.

Nous avons tendance à vouloir tout simplifier, à chercher un aliment miracle, une formule magique. Comme si une seule règle pouvait s'appliquer à tout le monde et résoudre tous les problèmes. Mais le corps humain n'est pas une équation mathématique avec une solution unique.

Le vrai défi n'est pas de traquer la moindre protéine, calorie ou gramme de gras, ni de suivre aveuglément la dernière tendance nutritionnelle en vogue. C'est de comprendre les bases, d'écouter son propre corps et d'appliquer du bon sens.

Parce qu'au fond, c'est la seule règle qui fonctionne vraiment pour tout le monde : trouver un équilibre qui vous correspond. Si vous avez compris que manger varié est plus bénéfique que de tomber dans des excès inutiles, que la modération est souvent plus efficace que l'extrême, et que chaque organisme a ses propres besoins, alors vous avez déjà une longueur d'avance.

Une longueur d'avance sur tous ceux qui suivent les tendances sans les questionner et qui finissent par passer plus de temps à chercher des solutions miracles qu'à simplement bien manger.

Cela ne signifie pas que les approches nutritionnelles plus spécifiques n'ont pas leur place. Dans certains cas, ajuster précisément son apport en protéines ou en d'autres nutriments peut être utile, surtout lorsqu'on poursuit un objectif sportif bien défini.

Mais ces stratégies doivent s'inscrire dans un cadre cohérent, en lien avec une pratique adaptée, et non être adoptées comme des règles universelles applicables à tout le monde.

Parce que peu importe l'objectif, comprendre les bases et les appliquer avec bon sens restera toujours plus efficace que n'importe quel raccourci.

Veggie un jour, veggie par amour.

Régulièrement, on se met à diaboliser un aliment. Un jour, c'est le pain, le lendemain, c'est le gras. Puis le sucre. Ça fluctue avec les modes et les tendances.

La science dans tout ça ? Pas toujours une alliée, surtout quand les scientifiques se battent entre eux pour leurs idées.

Végétarienne depuis des années, je peux vous sortir dix études qui affirment que l'alimentation végétarienne est meilleure pour la santé qu'une alimentation carnivore. L'instant d'après, je peux vous en sortir dix autres qui vous diront l'inverse, voire que c'est dangereux pour la santé.

Alors, qui a raison ? Qui a tort ? Impossible à dire. La science dit blanc, puis noir. Et comme même les experts ne sont pas d'accord entre eux, difficile de savoir à quel saint se vouer.

On fait comment, du coup ?

Très simple : on suit ses croyances, ses convictions, et on se garde de les véhiculer comme une vérité générale.

> *Je suis persuadée que l'alimentation végétarienne me convient, qu'elle soutient ma performance et ma santé. Déjà, parce que je considère les études allant dans ce sens comme pertinentes, et deuxièmement, parce que je suis ce mode alimentaire depuis des années et qu'il répond parfaitement à mes attentes. En plus, me passer de viande colle en tous points avec mon éthique, moi qui suis une amoureuse des animaux.*
>
> *À aucun moment je ne prétends pourtant que c'est* **la** *façon de s'alimenter. Je mange végétarien, point barre. Ce que vous, vous mettez dans votre assiette, ça ne me regarde pas. Si la viande vous fait vous sentir mieux, mangez-en. Vous seul êtes en mesure de décider de ce qui vous convient ou non.*

Ne transformez pas votre alimentation en un combat idéologique. Parce qu'au-delà des choix individuels, c'est bien là que le vrai danger commence.

Lorsque manger devient un acte militant, lorsque chaque repas doit être justifié, lorsque l'on commence à juger ceux qui ne font pas les mêmes choix que nous, on s'éloigne de l'essentiel : s'écouter, comprendre son propre corps et, surtout, ne pas oublier que l'alimentation est aussi un plaisir.

Ce n'est pas une étiquette alimentaire qui définit si vous êtes en bonne santé. Ce qui compte, c'est ce qui fonctionne pour vous. Et ça, personne d'autre que vous ne peut en décider.

Alors testez, essayez, vous vous coucherez moins bête. Et si nécessaire, réalisez quelques ajustements.

Le gluten ou l'ennemi public numéro un.

Depuis quelques années, le sans gluten est partout. On nous promet qu'en l'éliminant, on sera plus performant en sport, qu'on aura plus d'énergie, moins de problèmes digestifs et même une peau plus éclatante.

Le gluten est devenu le coupable idéal, accusé de tout, sauf du réchauffement climatique (et encore, on n'est pas à l'abri d'un prochain article là-dessus). Mais avant de jeter votre baguette de pain aux oubliettes, une question : savez-vous vraiment ce qu'est le gluten ? Où on en trouve ? Pourquoi il est devenu l'ennemi public numéro un ?

À la base, le gluten, c'est juste un ensemble de protéines naturellement présentes dans certaines céréales comme le blé. Rien de bien méchant en soi, sauf pour les personnes qui ont développé une réelle allergie ou maladie, auquel cas, il est à bannir strictement.

Le vrai problème, ce sont les transformations industrielles qu'on lui inflige, et plus largement, ce qu'on fait subir à notre alimentation en général.

Supprimer le gluten peut sembler une solution, mais si c'est pour se ruer sur des pains ultra-transformés, bourrés d'additifs imprononçables et aussi digestes qu'un bloc de béton, on a peut-être raté une étape dans le raisonnement.

Alors pourquoi autant de monde adhère à cette tendance ?

Parce que l'être humain adore les raccourcis. Remettre en question l'ensemble de son alimentation, apprendre à cuisiner et à décrypter une étiquette, ça demande du temps. Et on n'a pas le temps, ou plutôt, **on ne veut pas prendre le temps**. On veut du pratique, du rapide, du prêt-à-manger avec un joli tampon *healthy* dessus.

Alors on coupe le gluten, on coche la case *effort nutritionnel*, et on continue à consommer des produits tout aussi transformés en se félicitant d'avoir fait un choix sain.

Et on finit par en payer les conséquences.

Parce qu'en réalité, l'alimentation n'est pas une tendance, mais un investissement à long terme. Oui, prendre le temps de cuisiner est un effort pour certains. Oui, choisir des aliments de qualité demande un minimum d'attention. Mais si on ne veut pas consacrer un peu de temps à sa santé aujourd'hui, on risque d'y consacrer beaucoup plus demain.

Donc avant de déclarer la guerre à un ingrédient en particulier, peut-être qu'on ferait mieux de se poser la vraie question : est-ce qu'on veut comprendre ce qu'on mange, ou est-ce qu'on cherche juste une solution toute faite pour éviter de se remettre en question ?

Là encore, on en revient à se poser des questions plus profondes. Mais vous commencez à en avoir l'habitude, pas vrai ?

Jouer avec ses hormones

Nos hormones sont invisibles, et pourtant, elles dirigent nos vies en sous-marin. En bien… comme en moins bien. Vous avez sans doute déjà entendu parler de l'hormone du bonheur, de l'hormone de la faim ou encore de l'hormone du stress. De vraies petites cheffes d'orchestre qui décident si vous allez être au top de votre forme ou au fond du gouffre, sans même demander votre avis.

Les femmes, en particulier, connaissent bien le concept des pics hormonaux, ces moments bénis où on a l'énergie d'une fusée en plein décollage, suivis, deux jours plus tard, d'une envie soudaine de pleurer devant une pub pour du café sans raison apparente.

Combien de fois ai-je entendu des amies — et me suis-je moi-même entendue — dire qu'on se sentait à plat, sans raison apparente, avant de lâcher, mi-résignées, mi-dramatiques : *"C'est sûrement hormonal."* Traduction : *Je ne sais pas si j'ai envie de pleurer, de dormir ou d'envoyer un message passif-agressif, mais une chose est sûre, ce n'est pas ma faute.*

Mais si, justement, on pouvait un peu mieux comprendre et apprivoiser ces hormones capricieuses ?

Sans être une experte du système endocrinien et sans ambition de le devenir, j'ai creusé le sujet. Et bonne nouvelle, on a bien plus de contrôle qu'on ne le pense. Parce qu'en réalité, nos hormones sont des boutons sur lesquels on peut appuyer.

Stressé ? Le cortisol grimpe en flèche. *Merci, mais non merci.* Envie de se sentir bien ? Les endorphines et la dopamine n'attendent qu'un petit signal pour se pointer.

Et comment on active tout ça ?

- Le sport, qu'il s'agisse de courir, soulever des poids ou danser comme un débile dans son salon, libère un cocktail d'hormones euphorisantes.
- L'eau froide, une douche glacée ou un bain bien frais, déclenche un shoot d'adrénaline qui réveille mieux que trois cafés.
- La respiration, pratiquée correctement, peut calmer un pic de stress en quelques secondes.

Bref, on peut jouer avec nos hormones au lieu de les subir. Alors si vous pensiez être esclave de votre cycle, de votre humeur ou de votre envie irrationnelle de chocolat à 22h, détrompez-vous. Vous avez plus de pouvoir que vous ne l'imaginez.

Froid et sensations fortes

Il y a des expériences dans la vie qui nous marquent à jamais. Certaines sont mémorables, d'autres moins glorieuses. Et puis, il y a celles qui nous mettent mal à l'aise, qui nous challengent, mais que l'on répète malgré tout. Sans trop savoir pourquoi.

L'expérience de la douleur en est une. En règle générale, on ne pose la main sur une plaque de cuisson brûlante qu'une seule fois. Rarement deux.

Pourtant, s'immerger dans une eau à 5 degrés, c'est pas franchement agréable, mais on répète quand même l'expérience.

> *L'eau froide a été une révélation pour moi. Petite, j'étais constamment malade. Grippes, rhumes et surtout la sinusite de Noël, fidèle au poste, qui ouvrait les festivités et me collait à la peau pendant un mois.*
>
> *Un jour, je tombe sur un article vantant les bienfaits des douches froides sur le système immunitaire, la circulation sanguine et d'autres aspects dont je ne me souviens plus. Je décide de tester.*
>
> *Sept ans plus tard, la douche gelée est un rituel auquel je ne déroge jamais. Effet placebo ou véritable pouvoir de l'eau froide ? Peu importe. Ce que je sais, c'est que je n'ai plus jamais été malade depuis que j'ai adopté cette habitude. Pas un rhume. Pas une grippe. Les superstitieux me diront de toucher du bois.*

Se plonger dans un lac de montagne à 5 degrés quand l'air en fait 3, ce n'est pas une partie de plaisir. Même avec de l'entraînement. Pourtant, cette sensation qu'on ressent en sortant de l'eau et qui perdure pendant des heures est indescriptible.

Je ne m'étais jamais penchée en détail sur la science derrière ces bains glacés. Jusqu'à ce que je participe à un camp où l'un des temps forts était justement une initiation aux immersions en eau froide.

Avant de réaliser l'expérience, nous avons eu droit à quelques explications par Ben, l'un des coachs du camp. Et c'est à ce moment-là que j'ai eu un déclic, que j'ai enfin compris le mécanisme qui opérait derrière l'expérience.

Ben a su mettre des mots sur ce que je ressentais depuis des années. Il a expliqué pourquoi ces expériences sont si intenses, si addictives. Pourquoi on y retourne, encore et encore.

L'eau froide est un danger.

À 5 degrés, en plein hiver, elle peut être mortelle. Rester trop longtemps dedans, c'est mettre sa vie en péril. Et cette proximité avec la mort, votre corps et votre cerveau la captent immédiatement.

Dès que vous touchez l'eau, l'alarme retentit. Votre corps se met en mode survie. Tous les réflexes primitifs s'activent. À cet instant précis, plus rien d'autre n'existe.

- Vos pensées obsessionnelles ? Éteintes.
- Vos tracas du quotidien ? Disparus.
- Votre to-do list interminable ? Oubliée.

Votre esprit est entièrement focalisé sur une seule et unique mission : survivre.

Et là, c'est le reset total. Le vrai. Inévitable.

Un peu comme forcer un ordinateur à redémarrer en maintenant le bouton *power* enfoncé. Sauf que là, l'ordinateur, c'est vous.

Et c'est précisément ce qui rend cette expérience si marquante.

Tout comme celle de marcher sur une arête à 4000m, en sachant pertinemment qu'un faux pas signifie la fin, et vouloir y retourner. Y prendre goût, même.

Rien à voir avec une quelconque pulsion suicidaire ou un flirt volontaire avec la mort, comme je l'entends parfois : *"À force de jouer avec le feu, un jour, ça va mal finir."* À la limite du *"Tu l'auras cherché."*

Nous parlions des hormones. Un bain glacé déclenche une décharge de dopamine, l'hormone du plaisir, et fait chuter brutalement le cortisol, l'hormone du stress. Un phénomène qu'on retrouve dans beaucoup de situations où le corps identifie un danger potentiel et enclenche ses mécanismes de survie.

- S'immerger dans une eau gelée.
- Être suspendu à 500m au-dessus du vide.
- Rouler à 300 km/h sur un circuit.

Toutes ces situations entrainent une forme de stress pour l'organisme qui, une fois passé, laisse place à un bon shoot hormonal. Et ces shoots hormonaux, c'est addictif. Donc on y retourne.

> *Attention hein : ne vous précipitez pas pour acheter un wingsuit et sauter d'une falaise sous prétexte que vous avez lu dans ce bouquin qu'il fallait tester des situations extrêmes pour "libérer l'hormone du bonheur".*

L'objectif n'est ni de risquer sa vie, ni de flirter avec le vide juste pour une montée d'adrénaline.

Si je prends le temps de détailler ce mécanisme primitif ici, c'est pour mettre des mots sur ce que vous avez peut-être déjà ressenti dans certaines situations extrêmes. Ce moment où votre cerveau se met en mode survie, où tout devient instinctif, où plus rien d'autre n'existe.

En revanche, je ne me prononcerai pas pour ceux qui, consciemment, cherchent à jouer avec le feu. Qui veulent ressentir cette proximité avec la mort. Ce n'est pas ce dont je parle ici.

Chacun son truc. Si votre kiff, c'est de sauter dans une fosse à cobras pour le frisson du sensationnel, libre à vous.

Moi, tout ce que je vous conseille de faire, c'est de prendre une douche froide. Une minute. Et de me redire si, pendant cette minute, votre esprit a été envahi par vos tracas habituels.

Sans être mentaliste, je mets ma main au feu (une fois, pas deux) que non.

On peut voir la santé comme une jauge de batterie : elle se vide, elle se recharge, mais comme toute batterie moderne, elle s'use avec le temps. Trop d'expositions aux dommages, trop de chocs, et sa capacité finit par diminuer.

Préservez votre capital santé. Une batterie neuve est résistante à tout un tas de nuisances : alimentation transformée, remarques désobligeantes, inactivité physique... Mais toutes les batteries ne se valent pas. Certaines tiennent mieux que d'autres, et parfois, du jour au lendemain, elles s'usent et ne se rechargent plus.

Impossible de prédire quand ce moment arrivera. À 20 ans pour certains, à 60 pour d'autres, voire jamais pour les plus chanceux.

On ne s'en rend compte que quand elle commence à faiblir. Quand l'énergie n'est plus là. Quand le corps ne suit plus. Quand on réalise qu'on a tiré trop longtemps sur la corde en pensant qu'elle était incassable.

Prendre soin de sa santé, ce n'est pas vivre dans la peur de l'user. Ce n'est pas non plus s'imposer une discipline militaire ou sacrifier tout plaisir. C'est simplement apprendre à l'écouter, à lui donner ce dont elle a besoin, à ne pas la considérer comme acquise.

Parce qu'une batterie, ça ne se change pas aussi facilement qu'un smartphone.

Alors autant faire en sorte qu'elle tienne le plus longtemps possible, et qu'elle soit conçue selon des principes de fonctionnement qui vous sont propres.

CHAPITRE 5 : DU CONCRET ET DU PRATIQUE

Comme ça, et pas autrement

Au fil de votre lecture, vous avez croisé des concepts que vous connaissiez déjà, découvert des méthodes encore inexplorées, et peut-être secoué la tête en mode *"Ah mais oui, c'est tellement ça !"* en lisant certains constats sur notre belle société moderne.

J'ai voulu partager des pistes, des outils, des approches pour naviguer dans un quotidien parfois mouvementé. Des choses concrètes, applicables, mais aussi des états d'esprit à envisager.

Et pourtant, malgré toutes ces pistes et cette envie de bien faire, il y a de grandes chances que vous ressentiez ce que moi-même je ressens parfois après une immersion dans un océan de contenu : cette espèce de *"Bon, c'est génial tout ça, mais je vais en faire quoi, concrètement ?"* Ou pire : *"J'ai envie de tout tester et je ne sais pas par où commencer. Donc je vais... ne rien faire."*

Ça m'arrive souvent, d'être convaincue du bien-fondé d'un truc, d'avoir envie de tout retenir, de tout appliquer, puis de voir l'enthousiasme s'évaporer au bout de quelques jours.

Et franchement, ça ne sert à rien de culpabiliser. On est des humains, pas des robots. Personne ne coche *toutes* les cases de la *routine matinale* parfaite. Personne ne pratique *tous* les jours ses étirements, son journaling, sa méditation et sa visualisation, tout en mangeant parfaitement équilibré et en dormant huit heures par nuit.

C'est pour ça que ce dernier chapitre existe. Un clap de fin. Une remise à zéro.

Parce qu'au bout du bout, quand on est perdu, submergé, en mode *J'en ai trop dans la tête*, il y a trois solutions. Trois resets. Trois ancrages qui, personnellement, ne m'ont jamais déçue.

1. L'eau glacée.

Oui, j'en ai déjà parlé. C'est radical et redoutablement efficace. Mais je conçois que cette solution est difficile à appliquer si cette sensation de trop-plein, ce moment où votre cerveau surchauffe sous l'effet de mille pensées et contradictions, vous frappe en plein dîner de famille. *"Belle-maman, est-ce que je peux vider tous les glaçons du congélateur dans votre baignoire ? J'ai juste besoin de mon shoot hormonal, là tout de suite."*

2. Un rappel des bases.

Si vous n'avez pas de glacier sous la main et que vous voulez utiliser vos propres ressources mentales pour calmer votre tempête intérieure, il y a une autre option : une mise à plat, une réinitialisation à travers les faits. Les faits basiques, immuables, indiscutables.

Ce n'est pas une liste de croyances personnelles ni une théorie fumeuse sur la vie. C'est du concret, du fondamental, du *Si tu sautes d'une*

> *falaise de 800m, tu meurs.* Sans débat, sans interprétation.
>
> **3. Un petit guide de survie immédiate.**
> Il y a des jours où on n'a ni lac de montagne sous la main, ni l'énergie mentale pour s'ancrer dans de grands principes existentiels.
> Dans ces moments-là, prendre un stylo, retenir sa respiration ou écouter deux minutes d'un podcast qui fait du bien, ça peut suffire à sauver les meubles.

Je vous livre donc mon propre récap des basiques ultra terre-à-terre, ma check-list de *OK, si tu bloques, reviens à ça*. Et comme je radote que la vie est une question d'entraînement, vous trouverez de petits exercices pour muscler votre mental jusqu'à la dernière page.

On commence tout de suite par un bon gros retour aux sources, avec une liste de vérités qui apaisent même si, au premier abord, vous aurez peut-être envie de me hurler le contraire.

En vous souhaitant une belle quête métaphysique, un bon bain glacé et surtout, un peu plus de clarté sur ce que vous voulez vraiment garder de tout ça, bonne suite de lecture.

Retour aux sources, donc

Nous sommes seuls dans notre corps

Le matin, vous vous réveillez. Le soir, vous vous couchez.

Rien de révolutionnaire jusque-là.

Que vous soyez seul ou accompagné, peu importe. Vous percevez le monde avec votre propre regard, depuis votre propre corps. Et ça, c'est une constante absolue : vous naissez dans ce corps, et vous y restez, coincé jusqu'à la fin. C'est votre véhicule officiel. Pas d'échange possible, pas de leasing.

Ce qui vient après ? Aucune idée.

Bien sûr, certains parlent de méditation transcendantale, d'expériences de mort imminente ou de voyage astral. Ok, mais globalement, la règle reste la même : vous êtes dans cette enveloppe corporelle et allez devoir composer avec.

Pourquoi je vous parle de ça ?

Parce que ça éclaire un des grands drames modernes dont nous avons déjà parlé : l'obsession du regard des autres. Ce besoin d'approbation constante, cette peur viscérale de ne pas être assez bien, assez performant, assez liké.

Alors qu'au fond du fond, on est tout seul.

Ce qui m'amène à la question suivante : **être seul, ça vous fait peur ?**

La solitude, c'est à la fois une plaie et un luxe.

On connaît tous quelqu'un qui ne supporte pas d'être seul. Qui enchaîne les relations, saute de groupe en groupe, incapable de s'arrêter et de se retrouver face à lui-même. Parce que lorsque la solitude est *subie*, elle devient un poids insupportable.

Mais lorsqu'elle est *choisie*, la solitude, c'est juste le pied. L'éclate totale, même. Faites-en une alliée. Construisez un monde intérieur tellement riche que vous aurez envie d'y passer du temps. Un espace où vous vous sentez bien, où personne ne peut venir semer le doute, le stress ou la comparaison.

Dans votre tête, vous êtes chez vous. Appréciez être seul, et vous gagnez en liberté et aurez même davantage de plaisir à côtoyer les autres. Plus besoin que quelqu'un vienne valider votre existence. Vous êtes bien, que vous soyez entouré de dix personnes ou assis sur un banc à contempler la vie en mode observateur anonyme.

C'est ça, la vraie indépendance. Pas financière. Pas géographique. Mais mentale.

Nous allons mourir

Ah, cette belle piqûre de rappel dont on avait tous besoin. Vous sentez cette petite gêne qui monte ? Ce léger inconfort à l'idée d'aborder un sujet qu'on préfère généralement éviter ?

La mort. L'inconnu. L'après.

Qu'est-ce qui se passe après ? Aucune idée. Et à vrai dire, ce n'est pas ça qui m'importe. Ce qu'on *sait*, en revanche, c'est qu'un jour, l'histoire s'arrête.

Accepter cette vérité basique, ça fait du bien.

Vous vous souvenez de la section sur l'acceptation ? Si ce concept a du sens, c'est bien ici.

Petit exercice.

> Installez-vous quelque part, sans distractions. Téléphone en mode avion, pas de musique, pas d'écran. Vous connaissez la chanson.
>
> Imaginez maintenant qu'il ne vous reste que 24 heures à vivre. Trop brutal ? D'accord, prenons un autre scénario : la planète entière disparaît dans 24 heures. Pas de panique générale, pas de fin apocalyptique. Juste une prise qui se débranche.
>
> Laissez l'idée s'installer.
>
> Ensuite, observez deux choses :
> 1. Ce qui vous entoure, là, tout de suite.
> 2. Ce qui vous vient à l'esprit.
>
> Vous réalisez peut-être que certains détails prennent tout à coup plus de place. Une lumière particulière, un bruit de fond, un instant anodin.
>
> Puis viennent les pensées : qui avez-vous envie d'appeler ? Que voulez-vous dire avant que le rideau tombe ?
>
> Et là, ça devient limpide.
>
> Vous prenez conscience de ce qui compte vraiment. Et de tout ce qui, en réalité, n'avait pas tant d'importance.

Cet exercice, c'est un retour aux priorités essentielles. Pas besoin d'aller méditer six mois au Népal pour le comprendre. Il suffit de prendre 5 minutes et de s'arracher à la course du quotidien.

Ce petit oiseau qui chante. Cette lumière dorée sur les montagnes. Ce vent frais sur votre peau.

Ahhh, ça y est. Vous sentez monter l'aura hippie bobo bien-être ? Vous vous dites que c'est cliché, que ça frôle le manuel de développement personnel pour adeptes de la pleine conscience en leggings de yoga ?

Ok, alors **faites l'exercice**, et on en reparle.

Parce que ce qui vous bouleversera le plus, ce ne sera pas votre prochaine promotion ni le nombre de likes sur votre dernier post LinkedIn. Ça, j'en suis certaine.

Quand on intègre que la vie a une fin et qu'il n'y a pas besoin d'attendre le dernier moment pour vraiment en profiter, disons que ça change pas mal de choses.

Nos émotions sont la finalité de toutes nos actions

Quel est le point commun entre l'homme le plus riche du monde, votre voisin et l'ado qui vient de traverser devant vous, les yeux rivés sur TikTok ?

"Ils vont tous mouriiiiir !"

Oui, ça, c'est une évidence (point 2, check).

Mais surtout, tous, sans exception, passent leur vie à poursuivre une seule et même chose : ressentir des émotions positives. Joie, excitation, satisfaction, amour, reconnaissance. Personne ne se lève le matin en se disant : *"Ah tiens, aujourd'hui, j'ai envie de me sentir misérable."*

Et pourtant, on se retrouve souvent coincés dans des schémas qui nous éloignent de ce qu'on veut vraiment. Preuves en sont tous ces bouquins, podcasts et séminaires sur le bonheur, la motivation, la quête de sens et tout ce qui va avec.

Le plus fou, c'est que beaucoup de gens ne savent même pas ce qu'ils poursuivent. Ils fixent des objectifs, prennent des décisions, s'accrochent à des projets, mais sans jamais se poser consciemment la question de ce qu'ils espèrent vraiment *ressentir* au bout du chemin.

Et c'est là que l'exercice du OK, *mais pourquoi ?* entre en scène.

Rappelez-vous, on en a déjà parlé quand on a abordé la fixation d'objectifs. Prendre conscience de ce que l'on veut, être en mesure de l'identifier. En bref, trouver un moyen de gratter sous la surface pour identifier la vraie source de votre motivation.

Regardez la différence entre ces deux situations :

> SITUATION 1 :
> — Je veux avoir une situation financière confortable.
> — OK, mais pourquoi ?
> — Parce que je veux m'acheter une Rolex.
> — OK, mais pourquoi ?
>   Parce que je veux montrer que j'ai réussi dans la vie.
> BAM. Game over.

Ici, la motivation repose sur un **facteur externe** : l'approbation des autres. Tant que votre valeur dépend du regard qu'on porte sur vous, votre réussite ne vous appartiendra jamais vraiment. Vous courez après un symbole, pas après un besoin réel. Et si ce symbole ne déclenche pas la reconnaissance attendue ? Vous serez frustré. Et si vous l'obtenez mais que ça ne comble rien ? Vous serez déçu.

SITUATION 2 :
— Je veux avoir une situation financière confortable.
— OK, mais pourquoi ?
— Parce que j'en ai marre de passer ma vie à payer des factures.
— OK, mais pourquoi ?
— Parce que j'ai envie de concrétiser mes projets.
— OK, mais pourquoi ?
— Parce que quand je bosse sur un truc que j'ai vraiment choisi, j'adore ça et j'ai l'impression d'évoluer.

Là, on est aligné. La motivation est **interne**, stable, et liée au plaisir de faire et d'être libre, pas au besoin d'être validé. Le processus suffit à nourrir le sentiment d'accomplissement. Et c'est ça, le vrai luxe : quand ce qui vous rend heureux ne dépend plus de personne d'autre.

C'est pour ça que beaucoup se plantent, sans même s'en rendre compte. On cherche des émotions positives, mais on place notre bonheur dans des trucs qui ne dépendent pas de nous.

- S'acheter une voiture puissante pour être mieux accepté par les autres ? Mauvais objectif.
- S'acheter une voiture puissante pour se faire plaisir sur une belle route de montagne ? Objectif aligné.

Et ne vous faites pas avoir par le fameux bonus collatéral.

Vous pensez peut-être :
"Si je perds du poids pour plaire aux autres et que j'y arrive, j'aurai forcément plus confiance en moi."
Faux.

Si vous ne recevez pas la validation attendue, ou pas en suffisance, vous vous sentirez encore pire qu'avant.

Moralité ? Ce que vous poursuivez, ce n'est pas un objectif. C'est une émotion.

Alors, au lieu de vous demander *"Qu'est-ce que je veux accomplir ?"*, demandez-vous plutôt : **Quelle émotion je veux vivre ?**

Parce qu'un objectif qui n'est pas aligné avec ça, c'est une impasse.

On peut créer une émotion de toute pièce

Si vous avez suivi jusque-là, une chose devrait être bien claire : tout ce qu'on fait, consciemment ou non, vise une seule finalité : ressentir des émotions intenses et positives.

Je sais, on en a déjà parlé en long, en large et en travers. Mais si je me permets d'insister, c'est parce que cette idée a le potentiel de changer radicalement votre façon de vivre. Alors je vous la ressers, façon ultra résumée.

Servez-vous des techniques d'état de conscience modifiée (autohypnose, visualisation, méditation, etc.) pour déclencher des émotions sur commande. Imaginez une situation, un souvenir, une expérience à venir. Plongez-y intensément, comme si vous y étiez déjà. Ressentez l'émotion dans chaque cellule de votre corps.

Faites ça régulièrement et votre cerveau, qui déteste l'incohérence, va s'aligner sur cette nouvelle réalité. Il va commencer à rechercher, amplifier et ancrer ces émotions dans votre quotidien.

Ce qui était un exercice deviendra une habitude. Ce qui était un effort deviendra un état d'esprit. Et un jour, sans même vous en rendre compte, vous aurez conditionné votre esprit à vibrer plus haut, plus fort, plus souvent.

Testez. Jouez. Amplifiez. Répétez.

Le corps et l'esprit sont indissociables

Si vous en doutiez encore, laissez-moi vous poser une question simple :

Quand vous avez mal quelque part, est-ce que vous êtes d'humeur joyeuse et pétillante ?

Non ? Étonnant.

Quand le corps trinque, le moral suit. Une douleur lancinante, des tensions dans le dos, une digestion en vrac, et d'un coup, tout devient plus lourd, plus pénible, plus irritant.

Et à l'inverse, quand le mental s'emballe, le corps encaisse direct : boule au ventre, cœur qui s'emballe, épaules crispées, insomnies en série. Ce n'est pas une coïncidence. C'est un dialogue permanent.

Le corps et l'esprit sont les meilleurs amis du monde, ou les pires ennemis.

Bonne nouvelle : l'un peut sauver l'autre.

Moral en berne ? Bougez. Marchez, courez, sortez prendre l'air. Même cinq minutes à respirer à pleins poumons, à voir autre chose que votre écran, et hop, votre cerveau capte le message.

Physiquement rincé ? Chouchoutez votre esprit. Un bain chaud, un souper entre amis, une lecture au coin du feu. Le bien-être psychique allège le corps puisqu'il permet de s'évader. D'oublier la douleur physique.

L'important, c'est de ne pas rester figé. Parce que souvent, le premier pas vers le mieux-être, c'est juste de se lever et de faire un premier pas.

L'action, c'est la vie.

Et l'action, elle peut être à la fois mentale, physique, ou les deux.

À situation urgente, réaction immédiate :

L'hygiène de vie, la discipline, les bonnes habitudes, c'est magnifique sur le papier, mais soyons honnêtes : quand on est au fond du trou, qui a envie d'entendre un énième discours sur l'importance du long terme et de la persévérance ?

Personne. Parfois, on veut juste un truc qui marche, là, tout de suite.

Alors oui, la précipitation et l'obsession du résultat immédiat sont les meilleurs moyens de se planter sur le long terme. Mais soyons indulgents : il y a des jours où ça ne va pas, où tout semble partir en vrille, et où il faut juste éteindre l'incendie émotionnel avant qu'il ne dégénère.

Dans ces moments-là, inutile de fouiller dans les limbes du développement personnel à la recherche d'une solution miracle. Faites simple, efficace, direct.

Du concret et du pratique

1. Écrivez noir sur blanc ce qui vous tracasse. Poser les choses sur papier, c'est déjà un début de solution. Ce qui est formulé devient plus clair et plus facile à affronter.
2. Testez la respiration carrée. *Inspirez — retenez — expirez — retenez*, 4 secondes à chaque fois. Ça calme le rythme cardiaque et force le cerveau à reprendre le contrôle. Et ça se pratique partout.
3. Ecoutez un podcast ou une vidéo courte qui fait du bien. Pas un truc interminable qui vous pousse dans une introspection existentielle. Juste une dose rapide de motivation ou d'humour, que vous aurez sauvegardée au préalable pour pouvoir la retrouver immédiatement lorsque vous en avez urgemment besoin.
4. Notez trois trucs cools de votre journée. Ça paraît tout bête, mais ça force à voir le verre à moitié plein. Un détail au hasard, un moment agréable, même minuscule. Peu importe, ça marche.
5. Douche froide. Radicale, brutale, efficace. Vous avez déjà vu quelqu'un sortir d'une douche glacée en continuant à ruminer ? Non ? Normal.

Quand ça ne va pas, oubliez les solutions compliquées. Faites ce qui marche, ce qui vous remet juste assez d'aplomb pour tenir debout. Des solutions express, il en existe. Comme les cinq mentionnées ci-dessus. Mais il en existe des tas d'autres. Trouvez celle qui vous convient, et composez votre propre petit guide de *Comment aller mieux en 30 secondes chrono*.

CONCLUSION

Pied sur le frein, moteur coupé. Silence.

On se regarde, presque gênés d'être arrivés là. Tout ce voyage pour finir dans une station-service.

C'est ici que je vous dépose, puisqu'on est arrivés à destination. La vôtre, vous vous rappelez ?

La vôtre, donc inutile de me demander où nous sommes, dans quelle station-service, si nous sommes seuls ou si d'autres véhicules attendent ou repartent. À vous de me le dire. Regardez autour de vous, maintenant que vous êtes passé maître dans l'art de focaliser votre attention.

D'ailleurs, ce trajet en SUV, c'était comment ? Le sac à vomi, vous l'avez utilisé ? Les tiroirs, vous y avez fouillé ?

Pendant que vous prenez vos marques, moi, je vais faire le plein, parce que j'ai encore de la route. Hop, un Reese's au passage — *pour plus de conseils nutritionnels, abonnez-vous à ma chaîne* — deux-trois étirements parce qu'apparemment, le mouvement, c'est la vie, et dans quelques instants, je repartirai en trombe.

Alerte à la séquence émotion : c'est ici que nos chemins se séparent. Pour toujours ? Pour un jour ? Allez savoir. Peut-être qu'on se recroisera au détour d'une route ou d'une pensée qui vagabonde.

Mais bon, on ne va quand même pas se quitter comme ça, sur une note tristounette, non ? Ce serait dommage de ne pas glisser un dernier petit rappel métaphysico-introspectif avant de refermer ce bouquin.

Ce bouquin... quand je pense que durant sa rédaction, les quelques personnes au courant de ma démarche me posaient souvent la même question : *Mais tu écris sur quoi, au juste ?*

Et à chaque fois, je répondais que je ne savais pas. Que j'avais posé des réflexions çà et là, tentant de les structurer pour donner un semblant de cohérence à l'ensemble.

Entre pensées profondes, humour borderline, analyse sociétale, conseils professionnels et exutoire d'expériences en tout genre, ce livre, c'est un empilement de pensées. Mes pensées de petite trentenaire un brin anarchiste.

À l'instant T, j'avoue que j'ai posé pas mal de constats sur l'évolution de notre société. Une évolution qui va vite, trop vite. Une évolution qui, à mes yeux et aux vôtres peut-être, ne prend pas toujours la meilleure des directions.

Mais du coup, a-t-on vraiment envie d'adopter une posture anarchiste radicale ? De balancer nos téléphones dans un lac, partir élever des chèvres à 3 000 mètres et oublier jusqu'à l'existence du wifi ? Tentant. Très tentant.

L'option numéro deux, c'est d'opter pour une approche plus pragmatique. Celle qui consiste à mieux doser le chaos. À trier ce qui mérite d'être dans notre quotidien et à virer tout le reste.

Dilemme : tout bazarder et partir vivre en autarcie dans une cabane reculée, ou rester, mais avec un filtre sélectif impitoyable. Emoji perplexe.

Conclusion

Pour l'instant, je reste. *Emoji ampoule.* Parce que publier un bouquin sans wifi, c'est juste pas envisageable. Pas encore.

Mais demain, j'aurai peut-être changé d'avis.

Ou pas, parce que le monde n'est pas foutu. Pas encore.

Quand bien même ce livre a parfois pris un ton sombre, quand bien même j'ai souvent l'impression qu'on fonce droit dans le mur, il reste une lueur d'espoir.

Nous.

Parce que je sais qu'il y a des *nous*. Une minorité peut-être, mais une minorité qui refuse de se laisser noyer par la médiocrité ambiante. Des gens qui veulent du vrai. Qui veulent se dépasser. Qui savent encore ce que c'est que penser par eux-mêmes, agir par choix et non par automatisme social.

Si c'est vous, manifestez-vous.

Vous.

Si ce bouquin vous a, à un moment ou à un autre, donné cette sensation de motivation post-discours inspirant, ne vous laissez pas emporter par l'excitation éphémère. Ne soyez pas celui qui prend une grande décision le 1er janvier et l'oublie le 15.

Parce que le moment viendra où il faudra rendre des comptes. Non, je ne parle pas du Jugement Dernier. Mais un jour, en pleine nuit, à moitié endormi, vous vous poserez *la* question :

Et si j'avais osé ?

Si j'avais osé vivre selon mes envies, penser selon mes croyances, agir en fonction de mes convictions. Dans l'humilité et la tolérance.

Ce jour-là, pas de tribunal céleste, pas d'anges pour cocher une case sur un parchemin divin. Juste vous, face à votre propre bilan. Et croyez-moi, c'est souvent le pire juge.

Alors autant commencer tout de suite.

De moi à vous.

J'espère que *Parole de trentenaire* vous aura permis, à vous, de prendre la parole. D'exprimer ce que vous ressentez. De verbaliser ce que vous voulez.

De réaliser que l'horloge tourne et que la *big picture* compte plus que les détails futiles.

De vous sentir moins seul, même si je maintiens que la solitude est précieuse.

De vous demander si vous êtes en bonne santé, et si oui, de quelle façon.

De naviguer dans les méandres de la vie professionnelle avec un œil critique mais amusé.

De vous reconnecter à votre enfant intérieur — *ah non, pas ça !!!*

Je reformule : de questionner votre évolution personnelle et ses modalités.

De vous replonger dans une époque où choisir sa sonnerie de Nokia était une décision capitale, où Skyblog et MSN régnaient en maîtres, et où on programmait son magnétoscope pour ne pas rater un épisode de *Buffy contre les vampires* (spéciale dédicace à ma blonde préférée et non, je ne parle pas de Sarah Michelle Gellar).

Conclusion

Pour finir, une toute dernière chose. La plus importante. À mes yeux, du moins.

Mais attendez... juste une seconde...

Punaise, j'ai de nouveau perdu la clé de ma bagnole, c'est dingue.
Bon, pas autant dingue que ce pigeon qui passe, juste à côté de la pompe à essence numéro 5, regardez !
Le machin avance méga vite, la tête en vrac, genre il a un meeting super important.
Sérieux, vous trouvez pas ça bizarre, vous ?
Un pigeon qui marche, alors qu'il pourrait juste voler ?

Impensable.